T0194869

Werte der Hoffnung

Andreas M. Krafft

Werte der Hoffnung

Erkenntnisse aus dem Hoffnungsbarometer

 Springer

Andreas M. Krafft
Universität St. Gallen
St. Gallen, Schweiz

ISBN 978-3-662-59193-2   ISBN 978-3-662-59194-9   (eBook)
https://doi.org/10.1007/978-3-662-59194-9

Die Deutsche Nationalbibliothek verzeichnet diese Publikation in der Deutschen Nationalbibliografie; detaillierte bibliografische Daten sind im Internet über http://dnb.d-nb.de abrufbar.

Fotonachweis Umschlag: © Adobe Stock/Forgem

Springer ist ein Imprint der eingetragenen Gesellschaft Springer-Verlag GmbH, DE und ist ein Teil von Springer Nature
Die Anschrift der Gesellschaft ist: Heidelberger Platz 3, 14197 Berlin, Germany

Meiner lieben Frau Mara
und unseren beiden Kindern
Alexander und Isabelle

Geleitwort

„I have a dream". Dieser Satz Martin Luther King Jrs. bringt zum Ausdruck, wie viel gesellschaftlicher und menschlicher Wandel in nur einem Wort steckt: Hoffnung. Nur wer hofft, hat die Kraft, auch in schweren Zeiten nicht aufzugeben. Nur wer hofft, nimmt Veränderungen in Angriff und auch mal Risiken in Kauf. Egal wohin wir gesellschaftlich schauen, ob Barak Obama auf der Bühne steht und verkündet „Yes we can." oder ob Greta Thunberg tausende von Kindern und Jugendlichen dazu motiviert, freitags auf die Straßen zu gehen, um für eine bessere Klimapolitik zu kämpfen. Immer geht es um die Hoffnung, durch das eigene Handeln zu einer besseren Zukunft beitragen zu können. Und tatsächlich, wo stünden wir heute ohne Hoffnung, die immer wieder Triebfeder für menschliche Veränderung ist? Aus psychologischer Sicht ist Hoffnung gleichzeitig die einzige positive Emotion, die eine negative Ausgangslage voraussetzt, eine menschliche Stärke und auch ein bedeutender Wert.

Dr. Andreas Krafft ist einer der wichtigsten deutschsprachigen Forscher zum Gebiet der Hoffnung. Als akademischer Leiter des Hoffnungsbarometers – der größten wissenschaftlichen Erhebung zum Thema Hoffnung in Deutschland und der Schweiz - berichtet er darüber, worauf wir im Leben hoffen und wie wir daran arbeiten können, diese Hoffnungen wahr werden zu lassen. Andreas Krafft gibt uns einen wissenschaftlich fundierten Überblick über die vielfältigen und faszinierenden Ansätze aus Philosophie, Theologie und Positiver Psychologie, die versuchen, das Phänomen Hoffnung zu erklären und verstehbar zu machen. Er schenkt Einblick in die Köpfe der Deutschen und Schweizer zum Thema Hoffnung im Privaten aber auch auf gesellschaftlicher Ebene. Gestützt von den seit 10 Jahren gesammelten Daten des Hoffnungsbarometers zeigt Andreas Krafft auf, dass Hoffnung eine der wichtigsten Säulen eines gelingenden und glücklichen Lebens ist.

Berlin   Dr. Judith Mangelsdorf
im Juni 2019   Deutsche Gesellschaft für
                                  Positive Psychologie

Vorwort

Nach der „Positiven Psychologie der Hoffnung" und „Hope for a Good Life" erscheint nun pünktlich zum zehnjährigen Jubiläum des Hoffnungsbarometers das an ein breites Publikum gerichtete Buch „Werte der Hoffnung". In einer Zeit gesellschaftlicher Umwälzungen aller Art stellen sich viele Menschen die Frage, wie es in Zukunft weitergehen soll und wie ihr eigenes Leben in einigen Jahren aussehen wird. Der eine empfindet die aktuellen Entwicklungen als Besorgnis erregend und schaut der Zukunft mit Angst und Sorge entgegen. Ein anderer wiederum bleibt von den Geschehnissen auf dieser Welt unbeeindruckt und schreitet voller Optimismus voran. Dann gibt es wiederum einen dritten, der das Leben augenblicklich genießt und sich kaum Gedanken über das Morgen macht.

Was diese drei Menschen voneinander unterscheidet, sind ihre Lebensumstände, vielleicht auch ihr Charakter und ihre Persönlichkeit sowie ihre Weltanschauungen.

Bei aller Verschiedenheit haben diese drei Fälle aber möglicherweise eines gemeinsam: die Hoffnung. Der eine hofft darauf, dass es nicht so arg kommen wird wie befürchtet. Der andere hofft seinerseits auf neue Herausforderungen, auf Erfolg oder auf ein noch schöneres Leben. Der dritte wiederum hegt die Hoffnung auf Beständigkeit und Kontinuität, damit alles so bleibt, wie es ist.

Möglicherweise hat dieses Buch für alle drei eine persönliche Botschaft. Dem ersten wird gezeigt, dass es sich auch in bedrohlichen und anscheinend aussichtslosen Situationen lohnt, nicht zu verzweifeln, sondern auf eine gute Zukunft zu hoffen. Der zweite erfährt in diesem Buch, dass das Leben nicht immer geradlinig voranschreitet und dass es vielleicht wichtige Dinge im Leben gibt, die er in Zukunft noch stärker beachten kann. Der dritte wird dazu ermuntert, über sein eigenes Leben hinauszuschauen, um sich Gedanken zu machen, was er eventuell für andere Menschen tun kann, denen es gerade nicht so gut geht wie ihm selber.

Auf jeden Fall möchte dieses Buch die Bedeutung einer gewissen Einstellung und bestimmter Werte für die Gestaltung einer besseren Zukunft aufzeigen und die Überzeugung vermitteln, dass jeder und jede, egal in welcher Situation, darauf hoffen und dazu beitragen kann. Eine bessere Zukunft kann selten allein für sich selbst, sondern nahezu ausschließlich in einer Gemeinschaft verwirklicht werden. Daher braucht es den Willen, sich auf andere Menschen einzulassen, und gleichzeitig den Mut, an die eigenen Überzeugungen, Fähigkeiten und Kräfte zu glauben. Wer die Welt verändern möchte, sollte aber bekanntlich bei sich selber anfangen. Wahrscheinlich ist dies die größte und schwierigste aller Aufgaben im Leben.

Andreas M. Krafft

Danksagung

Viele Menschen haben an der einen oder anderen Stelle dazu beigetragen, dass dieses Buch entstehen konnte. Viele von ihnen sind mir während dieser langen Zeit von Kollegen zu Freunden geworden. Ihnen bin ich zu großem Dank verpflichtet. Zuallererst danke ich Andreas Walker, dem Initiator des Hoffnungsbarometers, für seinen Pioniergeist, seine Weitsicht und sein Engagement. Für ihre fortwährende Unterstützung und Ermutigung während all dieser Jahre danke ich Thomas Winkler, Markus Baumgartner und Fritz Peyer-Müller.

Im Verlauf der Jahre ist das internationale Forschungsnetzwerk des Hoffnungsbarometers kontinuierlich gewachsen. Für den wertvollen Austausch und ihre engagierte Mitwirkung danke ich folgenden Personen: Charles Martin-Krumm und Fabien Fenouillet aus Frankreich, Alena Slezáčková aus der Tschechischen Republik, Paweł Izdebski und Elżbieta Kaprzak aus Polen, Rajneesh Choubisa aus Indien, María del Valle Flores Luca aus Spanien, Liora Findler aus Israel, Tharina Guse aus Südafrika,

Helena Águeda Marujo und Luis Miguel Neto aus Portugal sowie Carmel Cefai aus Malta. In den kommenden Jahren wird das Hoffnungsbarometer noch weiter expandieren und in Ländern wie Brasilien und den USA durchgeführt werden, worauf ich mich sehr freue und wofür ich den Kollegen vor Ort bereits herzlich danken möchte.

Ohne die offene Bereitschaft der Tageszeitungen und die wertvolle Präsenz in den Onlinemedien, besonders in Deutschland und der Schweiz, wäre der Erfolg des Hoffnungsbarometers gar nicht möglich gewesen. Den verantwortlichen Personen in der Planung und Redaktion sei hier ein großes Dankeschön für ihr Vertrauen und ihre Unterstützung ausgesprochen.

An der Universität St. Gallen schätze ich den Austausch mit Kuno Schedler und den Kollegen am Institut für Systemisches Management und Public Governance. Ein besonderer Dank gilt Marcus Oberholzer für die wertvollen Videoproduktionen zum Hoffnungsbarometer. Ebenfalls empfinde ich die Zusammenarbeit mit meinen Vorstandskollegen bei swissfuture, der Schweizerischen Vereinigung für Zukunftsforschung, als sehr angenehm und anregend. Danken möchte ich auch Karin Schiesser für das Lektorat und die Korrektur des ersten Manuskripts.

Vor allem danke ich meiner lieben Frau Mara von ganzem Herzen für ihre Geduld, ihre „Rückendeckung" und ihren bedingungslosen Glauben an meine Arbeit. Ihre Schöpfungskraft, ihr Sinn für das Schöne und ihr Durchhaltevermögen sind mir Vorbild und Inspiration.

In den kommenden Jahren werden die aktuellen Ergebnisse des Hoffnungsbarometers in weiteren Publikationen einem breiten Publikum zur Verfügung gestellt werden. Ich danke allen Lesern für ihr Interesse.

Andreas M. Krafft

Inhaltsverzeichnis

Über den Autor

Dr. Andreas Krafft Associate researcher für future studies am Institut für Systemisches Management und Public Governance sowie langjähriger Dozent auf Bachelor- und Master-Ebene an der Universität St. Gallen in der Schweiz. Referent an der Universität Zürich und weiteren Hochschulen. Vorstand und Co-Präsident von swissfuture, der Schweizerischen Vereinigung für Zukunftsforschung. Leiter des Internationalen Forschungsnetzwerks des Hoffnungsbarometers, präsent in mehr als 10 Ländern. Mitglied der International Positive Psychology Association (IPPA). Buchautor von „Positive Psychologie der Hoffnung" und „Hope for a Good Life" sowie Autor verschiedener wissenschaftlicher

Publikationen. Dutzende von Vorträgen sowohl in wissenschaftlichen Foren als auch in unterschiedlichen praxisorientierten Veranstaltungen. Seit 20 Jahren Managementtrainer und Coach in vielfältigen Unternehmungen und Organisationen. Unternehmer und Führungsaufgaben in mehreren mittelständischen Unternehmen. Langjähriges ehrenamtliches Engagement in einer international tätigen Organisation zur Gesundheitsprävention und Lebensgestaltung mit Schwerpunkt in Lateinamerika.

1

Bedeutung und Verständnis von Hoffnung

Zusammenfassung

Die Hoffnung ist eine der zentralsten und allgegenwärtigsten Erscheinungen im Leben. Jeder Mensch hat größere oder kleinere Hoffnungen, die er oder sie zu verwirklichen versucht. Ob jemand mehr oder weniger hoffen kann, hängt von den persönlichen Erfahrungen, Einstellungen und Weltansichten sowie der damit verbundenen Haltung der Welt und dem Leben gegenüber ab. Weil die Hoffnung zusammen mit ihren Widersachern Angst und Sorge dermaßen bedeutende Phänomene sind, werden diese in der Philosophie, der Theologie und der Psychologie kontrovers diskutiert. Hoffnung wird u. a. als Erwartung, als Gefühl, als Glaube, als Vertrauen, als Tugend, als Charakterstärke und als Wille charakterisiert. Das Hoffnungsbarometer ist eine jährlich wiederkehrende wissenschaftliche Umfrage zu den Hoffnungen, Erwartungen, Einstellungen, Erfahrungen und Praktiken der Menschen. Dieses Buch berichtet über die empirischen Ergebnisse des Hoffnungsbarometers und verbindet diese mit der Natur und Wirkung unterschiedlicher Weltanschauungen und Weltbilder.

© Springer-Verlag GmbH Deutschland, ein Teil von Springer
Nature 2019
A. M. Krafft, *Werte der Hoffnung,*
https://doi.org/10.1007/978-3-662-59194-9_1

1.1   Hoffnung und Leben

Sie begleitet uns ein Leben lang. Von dem Moment an, in dem wir das Licht der Welt zum ersten Mal erblicken, und vielleicht sogar schon davor, bis hin zum letzten Atemzug, nach dem sich die Augen für immer schließen. Es ist die Hoffnung. Sie ist der Inbegriff des Lebens bzw. des Leben-Wollens. Tag für Tag, Minute für Minute, ja Sekunde für Sekunde ist sie bei uns, wenn wir sie nicht aufgeben. Beim ersten Atemzug ringt das Neugeborene nach Luft, empfindet Kälte, wird vom grellen Licht geblendet, und gleich danach fühlt es sich geborgen, hautnah am warmen und wohlriechenden Körper der Mutter. Ebenso der Greis, der vielleicht nach langer Krankheit, auf ein Weiterleben hoffend, sich schließlich mit dem Tod versöhnt. Die Hoffnung aber bleibt, auf einen friedvollen Abschied, vielleicht sogar auf ein blühendes Leben danach, oder lediglich auf das Wohlergehen der geliebten Familie.

Hoffnung zwischen Leid und Freude, zwischen Angst und Zuversicht, zwischen Resignation und Aufbruch. Jedes angehende Projekt, jede bevorstehende Aufgabe, die vielversprechende Ausbildung, der lang ersehnte Job, die erste gemeinsame Wohnung mit dem geliebten Partner, sie werden von der Hoffnung getragen. Aber dann zeigt sich das Leben auch von seiner anderen Seite. Hoffnungen werden enttäuscht, das Projekt misslingt, die Partnerschaft geht auseinander, es kommt ganz anders, als man es sich erwünscht und geplant hatte. Dann steht man vor einem Neubeginn, fängt von vorne an, sammelt den ganzen Mut und die ganze Kraft im Glauben, dass es diesmal besser klappen wird. Oder man zieht sich zurück, gibt auf und getraut sich nicht mehr zu hoffen. Zu groß war die Enttäuschung, zu schmerzvoll waren die Verluste.

Das Leben geht aber weiter, und früher oder später steht man vor einer neuen Entscheidung. Wir haben zu entscheiden, wie wir unser Leben gestalten wollen. Wir können wählen, was uns im Leben wichtig ist, wofür wir unser Leben einsetzen wollen und uns fragen, ob wir es wagen, unsere Träume zu verwirklichen. Aber was macht den Unterschied? Worauf kommt es an, dass der eine trotz allem weiterhin in der Hoffnung leben kann, während der andere sich mutlos dem angeblichen Schicksal ergibt? Wieso können die einen auch in scheinbar aussichtslosen Situationen immer noch hoffen und die anderen nicht, die angesichts der erdrückenden Last des Lebens kapitulieren? Kann man das Schicksal zum Guten wenden und wenn ja, wie? Dies sind Fragen, mit denen sich dieses Buch beschäftigt. Es geht um die Frage nach der Hoffnung auf ein besseres Leben für sich selbst und für andere.

Hoffnung ist so vielfältig wie das Leben selbst. Menschen unterscheiden sich darin, welche Hoffnungen sie für wichtig halten, welche Umstände und Erlebnisse ihnen Hoffnung geben, wie sie ihre Hoffnungen erfüllen und in welchem Maße sie in gewissen Situationen zu hoffen imstande sind. Wie Menschen mit ihren Sinnesorganen die Welt um sich herum wahrnehmen, ist in der Regel sehr ähnlich. Man nimmt beispielsweise einen Park wahr, spielende Kinder, Mütter und Väter, die sich miteinander unterhalten oder nebeneinander schweigen, spazierende Personen mit Hunden an der Leine, prächtige Bäume, bunte Blumen, das warme Licht des Sonnenscheins, einige verspielte Wolken am Himmel usw. Was dieses Bild beim Einzelnen auslöst, welche Bedeutung diese Situation für jemanden hat, was wesentlich und was unwichtig ist, worauf man seine Aufmerksamkeit richtet, welche Gefühle es in einem auslöst, kann sehr unterschiedlich sein. Dies hängt von der Biografie des individuellen Menschen, von seinen vergangenen Erlebnissen, von seinen Interessen und Wertvorstellungen ab. Für die einen ist dieses Bild eine Quelle von Hoffnung. Andere wiederum achten kaum darauf, denn sie sind mit ihren eigenen Gedanken beschäftigt. Wiederum andere empfinden Trauer und bekräftigen ihre Einsamkeit und Hoffnungslosigkeit.

Die zentrale Botschaft dieses Buches ist, dass Hoffnung mit dem Leben eines jeden Menschen aufs innigste verbunden ist und daher damit, wie jeder Einzelne sein eigenes Leben sieht und gestaltet. Jeder von uns nimmt eine ganz persönliche Stellung im und zum Leben ein, entwickelt dadurch eine eigene Einstellung, und jeder hält sich an etwas fest, was seine Haltung der Welt und dem Leben gegenüber zum Ausdruck bringt. Unser Leben und unsere Hoffnung sind von Werten, Überzeugungen und Grundannahmen in Bezug auf uns selbst und die Welt bestimmt.

Wir leben in einer pluralistischen und von den modernen Kommunikationsmedien durchdrungenen Welt. Täglich werden wir mit (vor allem schlechten) Nachrichten aus fern und nah konfrontiert. Oft erfahren wir schneller, was gerade in Asien oder den USA geschieht, als was dem Sohn oder der Tochter gerade in der Schule oder der Partnerin in der Arbeit widerfahren ist. Durch Internet und Fernseher sowie durch die immer multikultureller werdende Gesellschaft sind wir andauernd mit neuen Ereignissen, fremden Kulturen, verschiedenen Religionen und Lebensformen verbunden.

All diese Eindrücke und Erfahrungen können unser Verständnis oder auch unser Unverständnis für die Welt und das Leben erhöhen. Die Mannigfaltigkeit unserer Gesellschaft lässt eine Vielfalt von Weltanschauungen und Lebensentwürfen entstehen, die unsere Hoffnungen, aber auch unsere Ängste, Sorgen und Hoffnungslosigkeit nähren können. Unterschiedliche Weltansichten und Lebensformen können sich gegenseitig bereichern oder auch in Wettbewerb zueinander stehen. Sie können die Menschen beflügeln oder auch erdrücken. Was empfindet der Einzelne, wenn er Frauen mit Kopftüchern, Jugendliche mit rot gefärbten Haaren und tätowierten Körpern, Männer mit langen Bärten oder auch bettelnde Kinder auf den Straßen sieht?

Bewusst oder unbewusst sucht der Mensch Erklärungen für das, was er (oder sie) täglich erlebt und erfährt. Weltanschauungen geben Antwort auf Fragen wie: Wieso ist die Welt so, wie sie ist? Wohin streben wir eigentlich hin? Warum verhalten sich die Menschen, wie sie sich verhalten? Wie können wir die Welt und unser Leben verbessern? Welche Zukunft ist möglich für uns selbst und für die ganze Welt? Was sollen wir konkret tun? Die Antworten auf diese Fragen sind so vielfältig wie Menschen auf Erden und bestimmen unsere Vorstellung über unser gegenwärtiges Dasein sowie über die Zukunft der Welt und uns selbst. Dies sind auch die Fragen, die im Laufe der Geschichte der Menschheit eine Vielfalt von Bildern der Hoffnung entstehen ließen. Erklärungen dafür, ob und wie der Mensch imstande ist, an eine bessere Zukunft zu glauben und sich für diese zu engagieren.

1.2 Hoffnung in der Philosophie und der Theologie

Hoffnung ist in so fundamentaler Weise Teil des Lebens, dass verschiedene Disziplinen wie die Theologie, die Philosophie und die Psychologie im Verlauf der letzten Jahrzehnte und Jahrhunderte Erklärungen und Theorien über deren Natur und Funktionsweise aufgestellt haben. Je nach Perspektive wird Hoffnung als eine Tugend, eine Charaktereigenschaft, ein Gefühl des Vertrauens, ein Denkmuster, eine Erwartung an die Zukunft oder eine Haltung dem Leben gegenüber gesehen. Für manche ist Hoffnung mit den individuellen Stärken und der persönlichen Willenskraft verbunden. Andere wiederum erleben Hoffnung vor allem in der Verbindung mit einem geliebten Menschen oder mit einer transzendenten geistigen Kraft. Diese unterschiedlichen Zugänge haben tief greifende Konsequenzen auf die Art und Weise, wie Menschen hoffen wie auch darauf, was sie tun, um ihre Hoffnungen zu erfüllen, ja sogar auf das, worauf Menschen hoffen. Wie unterschiedlich Hoffnung gesehen und auch von der Wissenschaft konzeptualisiert wird, zeigen uns die folgenden Beispiele.

Gehen wir einige Jahrtausende zurück in der Geschichte. Im antiken Griechenland, wo selbstsüchtige und launenhafte Götter das Leben auf Erden bestimmten, galt Hoffnung als eine trügerische und schädliche Illusion (Spira 1983). Das Leben war von Leid und Not sowie von Angst und Sorge gekennzeichnet. Es gab keinen Grund, auf ein besseres Dasein zu hoffen. Der Mensch sah sich den unberechenbaren Naturgewalten und dem unvorhersehbaren Schicksal ausgeliefert. Die Zeit wurde kreisförmig wahrgenommen, als eine ständige Wiederholung von immer denselben peinvollen Ereignissen. Wenn das Leben keine neuen Möglichkeiten bietet und vom Zufall bestimmt ist, resigniert der Mensch und sein Leben erstarrt. Eine positive Entwicklung in die Zukunft gab es im Weltbild der damaligen Griechen kaum. Dort wo es keine Zukunftsperspektiven gibt, fokussieren sich die Menschen auf zwei Dinge: kurzfristigen Genuss sowie Sicherheit und Stabilität. Wenn die Zukunft als ungewiss und zweifelhaft gilt, konzentriert man sich auf die Gegenwart und gestaltet diese so angenehm und berechenbar wie nur möglich. Das Leben muss einerseits lustvoll sein, andererseits aber auch kontrolliert werden. Zwischen diesen beiden Polen bewegt sich der Mensch.

Positive Gefühle auf der einen Seite, rationales Denken und gesicherte Fakten auf der anderen. In so einem Umfeld werden Hoffnungen auf eine bessere Welt als reine Illusionen angesehen, die nur mehr Leid und Enttäuschung erzeugen. Teilweise als logische Folge davon, teilweise als Korrektur von zum Himmel schreienden Missständen, entstanden dabei die humanistischen Ideale der schönen Künste, der körperlichen Ertüchtigung sowie der moralischen Tugenden der Antike.

Ganz anders sehen das Weltbild im Judentum und die christliche Weltanschauung aus. Die jüdisch-christliche Tradition gründet auf den Glauben an einen gütigen und fürsorglichen Gott, der die Menschen liebt, sie beschützt und für ihr Leben sorgt. Die Hoffnung auf eine bessere Zukunft, sei es im Diesseits oder im Jenseits, ist ein wesentlicher Bestandteil der christlichen Religion. Zusammen mit der Liebe und dem Glauben gehört die Hoffnung zu den drei christlichen Tugenden, die völlig untrennbar voneinander sind und dem Menschen von Gott gegeben werden. Durch die Liebe und den Glauben entwickelt sich die Hoffnung zu einem Urvertrauen und einer Gewissheit, dass Leid und Not, ja sogar der Tod überwunden werden. Während sich die weltlichen Hoffnungen vor allem auf materielle Güter und persönliche Leistungen beziehen, richtet sich die geistige Hoffnung auf das Transzendente. Menschen hoffen auf Gerechtigkeit, Friede, Heil, Erlösung und auf Glückseligkeit. Das Gegenteil von Hoffnung heißt Verzweiflung, Mutlosigkeit und Resignation. Ein gutes Leben in Hoffnung ist ein solches, in welchem Angst und Sorge durch Lebensmut, Zuversicht, Geduld und gute Taten überwunden werden. Für Moltmann (1968) ist die Hoffnung eine schöpferische Kraft, eine Leidenschaft zum Engagement für eine bessere Welt, die laut Gabriel Marcel (1949) vor allem in der Beziehung zu einem anderen Menschen und in der Nächstenliebe begründet ist.

Mit der Aufklärung erscheinen auf einmal komplett neue Weltanschauungen. Im Mittelpunkt stehen nicht mehr der Glaube, sondern der Verstand und die menschliche Vernunft. Durch die Loslösung von den alten Erklärungsmustern von Gott und der Welt werden von der Philosophie, insbesondere in Deutschland, neue Theorien über die Natur des Menschen und des Lebens entworfen. Für Kant (2004, 2009) ist Hoffnung in der Vernunft und Urteilskraft des Menschen begründet. Weil der Mensch zwar den Hang zum Bösen aber vernünftigerweise und durch sein Gewissen die Bestimmung zum Guten, d. h. zur Tugend und Moral, in sich trägt, kann auf eine positive Entwicklung der Menschheit hin zu einer ethischen Welt und zu einem ewigen Frieden sowie auf allgemeine Glückseligkeit gehofft werden. Die Voraussetzung dafür sind einerseits der Glaube an die menschliche Vernunft sowie die Annahme, dass es einen liebevollen und fürsorglichen Schöpfer, einen freien Willen und ein transzendentes ewiges Leben gibt.

Während Kant noch der Überzeugung war, die Bestimmung des Menschen sei das Gute, der Friede und die Glückseligkeit, vertraten Schopenhauer (1966) und Nietzsche (1980) mit Vehemenz eine Philosophie des Pessimismus und der Hoffnungslosigkeit. Die allgegenwärtige Präsenz von Krieg und Verwüstung, von Macht, Leid und Schmerz in der gesamten Geschichte der Menschheit geben keinen Anlass zur Hoffnung auf eine bessere Welt. Die Kirche habe versagt, weil sie den Menschen auf eine trügerische Glückseligkeit in einem nicht existierenden Jenseits vertröstet. Religion und Kirche haben ihrer Meinung nach die Situation nicht gebessert, sondern sogar verschlechtert, indem sie vor allem Angst und Schrecken in der Welt verbreitet haben. Für Schopenhauer und Nietzsche habe der Mensch das Leben so zu nehmen, wie es ist, und sich mit seinem düsteren Schicksal abzufinden.

Martin Heidegger (2006) zufolge ist das Dasein von einer Grundstimmung der Angst und durch das Grundphänomen der Sorge gekennzeichnet. Der Mensch fürchtet sich vor einer für ihn als bedrohlich empfundenen Welt und Zukunft. Er muss sich um sein Leben kümmern und sorgen, kann aber über sein alltägliches Leben hinauswachsen, indem er sich der vielfältigen Möglichkeiten und Potenziale im Leben bewusst wird und diese auch entfaltet. Nach dem Zweiten Weltkrieg, in einer Zeit des sozialen und gesellschaftlichen Auf- und Umbruchs, verankert dann Ernst Bloch (1959) sein Prinzip der Hoffnung in einem positiven Welt- und Menschenbild. Der Mensch strebe immer nach einem besseren Leben. Persönliche und gesellschaftliche Träume und Utopien sind die Antreiber für die Überwindung der aktuellen Situation und die Erfüllung der vielfältigen Chancen und Möglichkeiten im Leben, die der Mensch dank seiner Intuition und Schöpferkraft bewusst vorwegnehmen und verwirklichen kann. In den persönlichen Träumen und realistischen Utopien wohnt die Hoffnung auf Wohlstand, Freiheit, Gerechtigkeit und der Vervollkommnung eines erfüllten Lebens ohne Angst und Not.

1.3   Hoffnung in der Psychologie

Lange Zeit hat sich die Psychologie kaum für das Phänomen der Hoffnung interessiert. Einerseits weil Hoffnung zur Domäne der Theologie und Philosophie gehörte und die Beschäftigung damit wahrscheinlich als unwissenschaftlich galt. Andererseits aber auch, weil die Psychologie selbst vor allem mit den negativen Seiten des Lebens wie Angst, Trauma und Depression und weniger mit positiven Aspekten wie Glück, Freude und Optimismus beschäftigt war (siehe Seligman und Csíkszentmihályi

2000). Ab ca. 1960 und dann vermehrt in den achtziger und neunziger Jahren, vor allem mit der Geburt der neuen Disziplin der Positiven Psychologie, wurden mehrere Theorien von Hoffnung entworfen und empirisch untersucht. Mangels eines gemeinsamen philosophischen Grundverständnisses entstand eine Vielfalt unterschiedlicher, teilweise sich ergänzender und teilweise sich widersprechender Hoffnungstheorien.

Die wesentlichen psychologischen Ansätze betonen den kognitiven, den sozialen und emotionalen sowie den transzendenten Charakter von Hoffnung. Aus einer entwicklungspsychologischen Perspektive beschreibt Erikson (1963) Hoffnung als die erste aller Grundtugenden, welche der Mensch sich im frühen Säuglingsalter auf der Grundlage eines Urvertrauens in der Beziehung zu einer fürsorglichen Bezugsperson (in der Regel die Mutter) aneignet. Diese auf Vertrauen in die Menschen und das Leben gründende Hoffnung trägt die Person durch alle Herausforderungen der weiteren Lebensphasen.

Ganz anders sehen dies die Vertreter der kognitiven Psychologie (Stotland 1969; Snyder 2002). Für sie ist Hoffnung das Ergebnis eines rationalen Mechanismus. Menschen nehmen sich konkrete Ziele vor und setzen sich für ihre Erreichung ein. Hoffnung besteht aus der mentalen Willenskraft und der sog. Wegstärke zur Überwindung von Hindernissen auf dem Weg zum Ziel. Je höher die Kontrolle über und damit die Eintrittswahrscheinlichkeit des zu erreichenden Ergebnisses, desto stärker ist auch die Hoffnung ausgeprägt.

Nicht im rationalen Denkvermögen begründet, sondern als eine der zehn wichtigsten positiven Emotionen sieht Fredrickson (2004) die Hoffnung. Hoffnung ist ein Gefühl, welches besonders in schwierigen Situationen das Bewusstsein erweitert und es auf ein größeres Ganzes ausrichtet. Dies begünstigt den Aufbau von guten menschlichen Beziehungen und weiteren wertvollen Ressourcen wie Gelassenheit, Neugier, Ausdauer und Lernbereitschaft, was die Bewältigung von Krisen sowie persönliches Wachstum ermöglicht.

Schließlich zählen Peterson und Seligman (2004) die Hoffnung zu den Charakterstärken in Zusammenhang mit der Tugend der Transzendenz. Hoffnung ist vorhanden, wenn sich der Mensch als Teil eines größeren geistigen Ganzen versteht, über sich hinauswächst und einen höheren Sinn im Leben findet. In dieser Form entwickelt sich die Hoffnung zu einer Tugend, weil sich das Hoffen auf etwas Gutes und Sinnvolles richtet, nicht nur für sich selbst, sondern auch für nahestehende Personen, für die Allgemeinheit und für die Welt als Ganzes. Als Tugend orientiert sich die Hoffnung weniger an egoistischen Wünschen und Interessen als vielmehr an Idealen wie Altruismus, Hilfsbereitschaft, Fürsorge und Zusammenhalt.

Als Folge all dieser Perspektiven und Ansätze wird der vielfältige und komplexe Charakter von Hoffnung ersichtlich. Hoffnung vereint in sich das ganze Leben: Emotionen und Gefühle, Gedanken und Ideen, Beziehungen zu anderen Menschen, spirituelle und religiöse Überzeugungen, Werte und Ideale, Handlungen und Träume sowie vieles mehr (Dufault und Martocchio 1985; Farran et al. 1995; Scioli und Biller 2009). Schließlich bekommt die Hoffnung auch einen kulturellen Charakter. Menschen in verschiedenen Kulturen, Ländern und Religionen werden Hoffnung teilweise sehr unterschiedlich erleben, insbesondere in Bezug auf die Ziele und Objekte, auf die sich die Hoffnung richtet, wie auch in Bezug auf die Aktivitäten, die unternommen werden, um diese Hoffnungen zu erfüllen (Averill et al. 1990). Über all diese Einzelheiten und Phänomene in Zusammenhang mit Hoffnung ist bis heute noch wenig bekannt. Dies war einer der Auslöser für die Gestaltung und Einführung des Hoffnungsbarometers.

1.4   Das Hoffnungsbarometer

Das Hoffnungsbarometer ist im Jahr 2009 als eine jährliche, breit angelegte öffentliche Umfrage zu den Hoffnungen der Menschen in Deutschland und der Schweiz ins Leben gerufen worden. Der Grund für seine Entstehung war ein zweifacher. Besonders in Europa scheint man den Drang zu haben, sich mehr mit Problemen, Risiken, Ängsten und Sorgen zu beschäftigen als mit zukünftigen Chancen, Möglichkeiten und positiven Entwicklungen. Insbesondere die Medien berichten nahezu täglich über Krisen und Katastrophen, sei es in der Wirtschaft, in der Politik oder im Zusammenhang mit der Gesellschaft und der Umwelt als Ganzes. Andererseits wurde das Phänomen der Hoffnung im deutschsprachigen Raum bisher kaum bis überhaupt nicht untersucht. Aus diesem Grund werden mit dem Hoffnungsbarometer die Hintergründe und Zusammenhänge einer positiven Zukunftseinstellung empirisch erforscht und die Erkenntnisse der breiten Öffentlichkeit zur Verfügung gestellt.

Die zentrale Zielsetzung des Hoffnungsbarometers ist der offene und unvoreingenommene Zugang zu den Erfahrungen und Vorstellungen der Menschen in Zusammenhang mit dem Phänomen der Hoffnung. Es wird untersucht, wie die Menschen selber Hoffnung erfahren, welche Grundannahmen, Einstellungen und Weltbilder dahinter stehen, welche persönlichen Hoffnungen daraus hervorgehen, was Menschen tun, um hoffnungsvoll zu bleiben und um ihre Hoffnungen zu erfüllen, welche Personen in ihrem Leben ihnen Hoffnung vermitteln und was sie erleben, wenn sie sich im Leben einmal hoffnungslos fühlen. Menschen können aufgrund ihrer verschiedenen Lebenserfahrungen, persönlichen Werte und Überzeugungen, ihrer aktuellen

Lebenssituation und ihres sozialen Umfeldes Hoffnung sehr unterschiedlich erleben. Darüber hinaus ist es das Ziel des Hoffnungsbarometers, Hinweise zu geben, was Menschen evtl. tun können, um sich persönlich weiterzuentwickeln, herausfordernde oder schwierige Situationen zu überwinden und vielleicht sogar über sich selbst hinauszuwachsen. Indem die Forschungsergebnisse im deutschsprachigen Raum einem breiten Publikum zugänglich gemacht werden, soll ein vom Gefühl der Hoffnung geprägtes Denken und Handeln gefördert werden.

Die Umfrage setzt sich aus verschiedenen Themenbereichen und Fragen zusammen. Etwa die Hälfte der Fragen stellt den Kern des Fragebogens dar und wird jährlich wiederholt, um auch Jahresvergleiche zu ermöglichen. Dazu gehören Fragen zum allgemeinen Hoffnungsempfinden, zur Zufriedenheit und zu den Aussichten in den Bereichen Wirtschaft, Politik, Umwelt und Soziales, zu den wichtigsten persönlichen Hoffnungen sowie zu den Aktivitäten, die unternommen werden, um die eigenen Hoffnungen zu erfüllen. Die andere Hälfte des Fragebogens besteht aus jährlichen Schwerpunkten, wie beispielsweise Resilienz, die Überwindung von Hoffnungslosigkeit, positive und negative Gefühle, Spiritualität, Harmonie im Leben etc.

Zur Bewertung des allgemeinen Hoffnungsempfindens wurden in den ersten Jahren sechs Fragen formuliert und statistisch validiert, deren Mittelwert das Niveau der wahrgenommenen Hoffnung repräsentiert (sog. Perceived Hope Scale, PHS; Krafft et al. 2017). Die sechs Fragen decken das Gefühl der Hoffnung, die Erfüllung von Hoffnungen, den Effekt von Hoffnung im Leben, die besonderen Situationen, in denen Hoffnung von Bedeutung ist, sowie die Dualität von Hoffnung und Angst ab. Abb. 1.1 zeigt die sechs Fragen sowie deren Ergebnisse aus dem Jahr 2017.

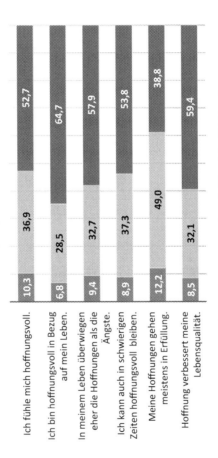

Wahrgenommene Hoffnung
(in %)

Ich fühle mich hoffnungsvoll. — 10,3 | 36,9 | 52,7

Ich bin hoffnungsvoll in Bezug auf mein Leben. — 6,8 | 28,5 | 64,7

In meinem Leben überwiegen eher die Hoffnungen als die Ängste. — 9,4 | 32,7 | 57,9

Ich kann auch in schwierigen Zeiten hoffnungsvoll bleiben. — 8,9 | 37,3 | 53,8

Meine Hoffnungen gehen meistens in Erfüllung. — 12,2 | 49,0 | 38,8

Hoffnung verbessert meine Lebensqualität. — 8,5 | 32,1 | 59,4

▨ Stimmt nicht   ▨ Stimmt ein wenig   ▨ Stimmt ziemlich bis voll

Abb. 1.1 Fragen zur wahrgenommenen Hoffnung (N = 4146)

In diesem Format werden im Verlauf des Buches die Ergebnisse der einzelnen Themenbereiche vorgestellt. Man erkennt in diesem Fall, dass mehr als die Hälfte der 4146 Befragten sich ziemlich bis stark hoffnungsvoll fühlt, dass sie auch in schwierigen Zeiten hoffnungsvoll bleiben kann und dass in ihrem Leben meistens die Hoffnungen im Verhältnis zu den Ängsten überwiegen. In Bezug auf das eigene Leben sind sogar mehr als 60 % der Befragten ziemlich hoffnungsvoll, bedeutend mehr als die knapp über 50 %, die sich allgemein hoffnungsvoll fühlen. Obwohl nur bei 37,6 % der Personen ihre Hoffnungen regelmäßig oder oft in Erfüllung gehen, sind 58,1 % der Meinung, Hoffnung verbessere ihre Lebensqualität. Dies ist ein Zeugnis für die Bedeutung und den Wert von Hoffnung im Leben der Menschen und führt zu interessanten Erkenntnissen, die im Verlauf des Buches vertieft werden.

Eine wesentliche Fragestellung bezieht sich auf die Unterschiede zwischen Hoffnung, Optimismus und Selbstvertrauen, so wie diese von den Menschen erfahren werden. Aus diesem Grund wurden zwei Fragebögen zum Thema Hoffnung als Selbstkompetenz (Snyder et al. 1996) sowie zur Messung von Optimismus und Pessimismus (Scheier et al. 1994) in Form positiver und negativer Zukunftserwartungen verwendet, die später noch näher vorgestellt werden. Je nach Schwerpunkt wurden im Verlauf der Jahre weitere Fragen zur Bedeutung von Sinn im Leben, Religiosität, Spiritualität, Lebenszufriedenheit, Glück usw. gestellt und ihre Bedeutung in Bezug auf ein hoffnungsvolles Leben untersucht.

Seit Beginn des Hoffnungsbarometers ist unser Anliegen, so viele Menschen wie nur möglich zu erreichen, da das Hoffnungsbarometer auch den Zweck erfüllen soll, diese mittels der Umfrage zu einem persönlichen Reflexionsprozess über ihre eigenen Hoffnungen, Stärken und Zukunftsvorstellungen zu ermuntern. Die Beteiligung

vieler Menschen an der Umfrage ist dank der Zusammenarbeit mit populären Tageszeitungen möglich gewesen.
Dies hat dazu geführt, dass jährlich zwischen 15.000 und
20.000 Personen die Umfrage begonnen und ca. 15 bis
20 % den Fragebogen komplett und korrekt ausgefüllt
haben. Insgesamt konnten im Jahr 2017 4146 und im Jahr
2018 3244 Fragebögen in die Analyse einbezogen und aus-
gewertet werden. Obwohl eine strikte Repräsentativität
aufgrund der Erhebungsmethode sowie des Einbezugs von
deutschen und schweizerischen Beteiligten nicht gewähr-
leistet werden kann, ist die Zusammenstellung der Teilnehmenden in Bezug auf Geschlecht, Alter, Familienstand,
Ausbildung und Beschäftigung sehr heterogen und gibt
die Vielfalt unserer gesellschaftlichen Struktur zufrieden-
stellend wieder (siehe Anhang).

Die Inhalte dieses Buches werden sich vor allem auf
die Schwerpunkte und Ergebnisse des Hoffnungsbarometers aus den Jahren 2017 und 2018 konzentrieren.
Zudem werden auch relevante Ergebnisse aus den Jahren
2011 bis 2016 vorgestellt, die teilweise bereits in einem
ersten wissenschaftlichen Grundlagenwerk veröffentlicht
wurden (Krafft und Walker 2018). Im Jahr 2017 war die
Umfrage auf die Erforschung von Weltanschauungen
und Annahmen über die Welt und sich selbst fokussiert
(Janoff-Bulman 1989), und 2018 richtete sich die Aufmerksamkeit auf die universellen Werte des Menschen
(Schwartz 2012).

Nebst der Vorstellung und Beschreibung der Umfrage-
ergebnisse in Form von Verteilungen und Mittelwerten
werden auch Zusammenhänge zwischen verschiedenen
Phänomenen durch die Berechnung von Korrelationskoeffizienten untersucht und erläutert. Beispielsweise ist im
Jahr 2017 der Mittelwert von Hoffnung, gemessen mit
den sechs oben vorgestellten Fragen unter Anwendung
einer Skala von „0=stimmt gar nicht" bis „5=stimmt voll

und ganz", M = 3,37 gewesen. Im selben Jahr wurde auch die Lebenszufriedenheit mit fünf Fragen auf einer Skala von „1=stimmt gar nicht" bis „7=stimmt voll und ganz" erhoben (Diener et al. 1985), deren Mittelwert M = 4,88 ergab. Die lineare Korrelation, sprich der Zusammenhang zwischen den beiden Werten, hat sich mit einem Korrelationskoeffizienten von $r = 0,607$ als signifikant ($p < ,001$) und hoch erwiesen.

Positive Korrelationswerte besagen, dass je höher ein gewisses Phänomen A, desto höher auch das damit korrelierende Phänomen B ist. Negative Korrelationskoeffizienten besagen genau das Gegenteil, je höher A desto niedriger B. Dies sagt allerdings nichts über mögliche Kausalitäten aus. Wir wissen damit nicht, ob A zu B führt oder B zu A oder beide Phänomene durch eine dritte Variable miteinander korrelieren. Man kann anhand von Korrelationskoeffizienten und aufgrund von theoretischen Überlegungen bzw. Erfahrungen allerdings annehmen, dass zwei Phänomene positiv oder negativ sowie stärker oder schwächer miteinander in Verbindung stehen. Korrelationswerte reichen von 0 (keine Korrelation) bis 1 (hundertprozentige Korrelation). Werte um 0,10 gelten als niedrig, ab rund 0,30 als mittelstark und ab 0,50 als stark. Mit diesen Erkenntnissen können bestimmte Zusammenhänge besser verstanden sowie mögliche Handlungsfelder identifiziert werden.

Im Kern stellt dieses Buch die wesentlichen Erkenntnisse aus dem Hoffnungsbarometer dar und erklärt bzw. interpretiert diese im Lichte verschiedener philosophischer und psychologischer Theorien insbesondere in Bezug zur Philosophie und Psychologie individueller und kultureller Weltanschauungen, Weltbilder und Werte. Aus diesem Grund werden im nächsten Kapitel zuerst die Natur, die zentralen Elemente sowie die Bedeutung von Weltanschauungen für das Phänomen der Hoffnung erläutert.

2

Entstehung und Natur von Weltanschauungen

Zusammenfassung

Der deutsche Philosoph Wilhelm Dilthey entwarf eine Philosophie des Lebens und der Weltanschauung, die als Grundlage und Inspiration für viele nachfolgende Wissenschaftler diente, die sich mit den Phänomenen der Hoffnung, des Optimismus und Pessimismus sowie der Angst und der Sorge beschäftigten. Weltanschauungen stellen die Art und Weise dar, wie der Mensch auf die Welt und auf sich selbst schaut. Sie gründen auf persönliche Erlebnisse, fassen sich in ganzheitliche Weltbilder zusammen und schließen handlungsweisende Ideale mit ein. Weltanschauungen bestehen aus Gefühlen, Gedanken, Werten, Glaubenssätzen und Handlungsmotiven und sind an die individuellen Lebensbezüge der Menschen gebunden. Weltanschauungen verdichten sich zu gesellschaftlichen Weltbildern, die den Zeitgeist, die Kultur und die Identität eines Volkes, einer Epoche oder spezifischer sozialer Gruppen definieren. Diese können von einer Stimmung der Hoffnung oder der Hoffnungslosigkeit, des Optimismus oder des Pessimismus durchdrungen sein.

© Springer-Verlag GmbH Deutschland, ein Teil von Springer Nature 2019
A. M. Krafft, *Werte der Hoffnung*,
https://doi.org/10.1007/978-3-662-59194-9_2

2.1 Die Philosophie des Lebens und der Weltanschauung von Wilhelm Dilthey

Die dermaßen unterschiedlichen Auffassungen über die Natur und Bedeutung von Hoffnung sowie die individuellen Erfahrungen einzelner Menschen sind, so unsere These, auf die Existenz vielfältiger Weltanschauungen und Weltbilder zurückzuführen. Mit Weltanschauung bezeichnet man die Art und Weise, wie wir auf die Welt und auf uns selbst schauen. Weltanschauungen sind sozusagen mentale „Brillen" oder „Filter", dank derer der Mensch die Ereignisse um sich herum sowie die Informationen und Eindrücke aus der Welt sortiert und ihnen eine Bedeutung zuschreibt. Weltanschauungen bieten mögliche Erklärungen für das, was in und um uns herum geschieht.

Es war der deutsche Philosoph Wilhelm Dilthey (1960), der bereits vor mehr als hundert Jahren das Phänomen der Weltanschauung in der innigen Verbindung des Menschen zu seiner Umwelt erforschte und somit die philosophischen und psychologischen Grundlagen für dessen Verständnis leistete. Als Begründer einer Philosophie und Psychologie des Lebens gilt Dilthey in mehrfacher Hinsicht als ein Vordenker der modernen Psychologie.

Unser Interesse für die Weltanschauungslehre Diltheys entstammt aus dem Einfluss, den er auf weitere Philosophen und Psychologen hatte, die sich später mit den Phänomenen der Angst, der Sorge und der Hoffnung beschäftigten. Dazu gehören Martin Heidegger, der Angst und Sorge als die Grundphänomene des Lebens beschrieb, Ernst Bloch, der auf dieser Grundlage das Prinzip der Hoffnung entwickelte und Jürgen Moltmann, der aus einer christlichen Perspektive eine Theologie der Hoffnung schuf. Karl Jaspers erhielt aus Diltheys Philosophie wesentliche

Impulse für seine eigene Philosophie und Psychologie der Weltanschauungen, und Viktor Frankl wurde maßgeblich von Jaspers inspiriert, als er seine Existenzpsychologie des Lebenssinns und der Hoffnung vor allem in extremen und traumatischen Lebenssituationen entwarf. All diese Autoren konnten ihre Theorien direkt oder indirekt auf einzelne Aspekte der Lebensphilosophie und der Weltanschauungslehre Wilhelm Diltheys aufbauen, weswegen es sich lohnt, diese näher zu betrachten.

Zu aller erst sind Weltanschauungen für Dilthey nicht lediglich persönliche Meinungen über die Welt. Sie sind vielmehr sehr mächtige psychologische und soziale Phänomene und Prozesse, die das Leben eines jeden Menschen tief greifend und nachhaltig beeinflussen. Die Welt und unser individuelles Leben sind untrennbar aufs engste miteinander verwoben, und zwar mittels unserer Weltanschauungen. Weltanschauungen sind nicht einfach ein Abbild der tatsächlichen Wirklichkeit, sondern ein persönlicher Wahrnehmungs- und Gestaltungsprozess, bestehend aus Deutung und Interpretation von Erlebnissen auf der Grundlage persönlicher Stimmungen, Einstellungen und Motive. Die Anschauung der Welt ist ein persönlicher Akt, etwas was wir bewusst oder unbewusst, aber jedenfalls aktiv tun. Insofern, als dass man eine Weltanschauung entwickelt, findet ein schöpferischer Prozess statt. Aufgrund von Erlebnissen und Erfahrungen konstruieren wir ein Bild der Welt und definieren eine persönliche Einstellung gegenüber dieser von uns konstruierten Welt.

2.2 Elemente von Weltanschauungen

Im Grunde genommen besitzen Weltanschauungen eine dreifache Aufgabe: 1) die persönlichen Erlebnisse und dadurch die ganze Welt werden gefühlsmäßig bewertet und beurteilt; 2) mittels Gedanken werden die Außenwelt und das eigene Leben zu einem ganzheitlichen und kohärenten Weltbild geordnet; 3) durch gewisse Wertvorstellungen und Ideale werden Handlungen in eine bestimmte Richtung gelenkt.

Die im Leben gemachten Erfahrungen in und mit der Außenwelt sind zwar eine Folge unserer Sinneswahrnehmungen, aber vor allem das Ergebnis unserer persönlichen Stimmungslage, Emotionen, Glaubenssätze, Wertungen sowie unserer Wünsche, Ziele und Ideale. Dies sind die persönlichen Maßstäbe, nach denen die Welt und die Geschehnisse aufgefasst und interpretiert werden. Integriert man Diltheys Philosophie des Lebens mit der Weltanschauungslehre von Karl Jaspers, lassen sich Weltanschauungen auf fünf elementare Bestandteile zurückführen: 1) Gefühle und Stimmungen; 2) Gedanken und Ideen; 3) Werte und Ideale; 4) Glaubenssätze und 5) Wille und Handlungen. Je nachdem, wie diese Elemente ausgeprägt und ausgerichtet sind, entwickeln sich verschiedene Einstellungen, Weltbilder und sog. Geistestypen, die Lebenshaltung und Lebensformen einzelner Menschen sowie den Zeitgeist einer Epoche oder einzelner sozialen Gruppen maßgeblich beeinflussen. Jede Weltanschauung ist daher mit einer bestimmten Lebensführung verbunden.

Durch Gefühle und Absichten erhalten die Außenwelt sowie unsere eigene Stellung darin eine Bedeutung und einen Sinn. Die Eindrücke und Erfahrungen, die der Mensch täglich erlebt, werden automatisch als angenehm oder unangenehm bewertet. Die Dinge um uns herum bereiten uns Freude oder Ärger, sie gefallen oder missfallen uns, wir fühlen uns wohl damit oder ängstigen uns. Aus diesen Gefühlen heraus werden gewisse Theorien, Grundsätze, Wertvorstellungen und Ideale abgeleitet, denen der Mensch dank seiner Willenskraft nachstrebt.

Ereignisse und Erfahrungen werden daraufhin in Kategorien wie richtig oder falsch, nützlich oder nutzlos sowie gut oder schlecht eingeteilt. Weltanschauungen enthalten somit Auffassungen über das Leben und die Welt in Form von Überzeugungen, Haltungen, Wertungen und Gesinnungen. Dazu gehört auch jenes, was wir über andere Menschen und über unsere Beziehungen zu ihnen sowie über die Natur, die materielle Welt, die Gesellschaft und einzelne Gegebenheiten wissen, empfinden, glauben, annehmen und bewerten.

Der Mensch strebt danach, seine Eindrücke, Erlebnisse und Erfahrungen möglichst in einer geordneten und kohärenten Form zusammenzufassen. Aus den unterschiedlichen Lebensbezügen entstehen die individuellen Weltbilder, mit denen man die unmittelbaren Erlebnisse und Erfahrungen sowie die allgemeinen Eindrücke über die Welt in ein geordnetes Ganzes integriert.

Weltanschauungen enthalten auch bestimmte Auffassungen über die Vergangenheit, die Gegenwart und die Zukunft und sind vor allem relevant, um zu verstehen, wie und warum Menschen in konkreten Situationen so entscheiden und so handeln, wie sie es tun. Vergangene Erfahrungen hinterlassen beispielsweise gute oder schlechte Erinnerungen, die unser aktuelles Leben mit einer Stimmung färben und uns positiv oder negativ, ängstlich oder hoffnungsvoll in die Zukunft blicken lassen.

2.3   Individuelle Lebensbezüge

Weltanschauungen haben immer einen konkreten Lebens- und Wirklichkeitsbezug, eine Verbindung zur äußeren Welt, einen Bezug zum gesellschaftlichen und kulturellen Umfeld. Es sind immer die persönlichen Lebensumstände, die eine bestimmte Weltanschauung hervorbringen. Der

Ausgangspunkt jeder Weltanschauung ist der Lebensbezug des Menschen zu seiner sozialen und gegenständlichen Umwelt, d. h. die Beziehung, die der Mensch zu anderen Menschen sowie zur Natur, zu den Technologien, zu den materiellen Gütern herstellt.

Von Bedeutung für das Individuum sind letzten Endes seine persönlichen Erlebnisse, Erfahrungen, Deutungen und Interpretationen der von ihm wahrgenommenen Realität. Jeder Mensch kommt mit verschiedenen Personen in Kontakt und bezieht anderen Menschen und Dingen gegenüber eine bestimmte Stellung. Die Menschen, mit denen man in Beziehung steht, das berufliche Umfeld, in dem man tätig ist, die Freizeitaktivitäten, denen man nachgeht, sind so vielfältig wie Menschen auf dieser Erde, und somit ist für jeden Menschen die unmittelbar erlebte Welt eine andere. Weil jeder Mensch eine eigene Familie, eine andere Arbeitsumgebung und einen persönlichen Freundes- und Bekanntenkreis hat, sind die Lebensumstände des Einzelnen sehr unterschiedlich. Aus der Vielfalt von Beziehungen zu unterschiedlichen Menschen und Gegebenheiten entsteht beim Menschen ein individueller und komplexer Lebensbezug. Damit gibt es nicht mehr eine einzige Welt, sondern jedes Individuum schafft sich im Verlauf seines Lebens seine eigene Welt. In jedem Lebensbezug entsteht ein individuelles Verständnis der Welt, ein besonderes Lebens- und Weltverständnis.

Dieser Lebensbezug wird weniger von einem rationalen Erkennen geformt als von den Gefühlen und Vorlieben der Menschen in Verbindung zueinander. Einige Menschen sind uns vertraut, andere wiederum fremd, einige erleben wir als freundlich, andere als distanziert oder feindselig. Einige Menschen und Gegenstände vermitteln einem Glück und Freude, bereichern bzw. erweitern den eigenen Lebenshorizont und spenden Kraft und Energie. Sie sind im weitesten Sinne Hoffnungsträger und -spender.

Andere wiederum engen einen ein, üben Druck aus, rauben einem Kraft und vermindern die Lebensfreude.

Gleichzeitig gibt es eine umfassendere Welt, mit der der Einzelne lediglich über Erzählungen und Berichte anderer, insbesondere über die Medien wie Internet, Zeitungen, Fernseher, etc. in Kontakt tritt. Von dieser umfassenderen Welt bekommt der Einzelne nur selektiv Informationen, bruchstückhafte, einseitige und gefilterte Eindrücke, ein sog. Hörensagen mit, welches nicht nur kognitiv, sondern ebenso emotional zur Kenntnis genommen wird.

2.4 Der Mensch, das Leben und die Welt als Ganzes

Dilthey ist in der Philosophie bekannt geworden, weil er den Menschen und das Leben als Ganzes und nicht allein den Verstand und die Rationalität in den Vordergrund stellte (Bollnow 1936). Dies macht seine Philosophie für ein besseres Verständnis des Phänomens der Hoffnung besonders attraktiv und wertvoll. An die Stelle der einseitigen Vernunft ist ihm der gesamte Mensch wichtig: als ein fühlendes, denkendes, wollendes, handelndes und vor allem als ein soziales und geschichtliches Wesen. Das Leben besitzt einen enormem Reichtum, eine außerordentliche Tiefe und Vielfalt, die dem Verstand unzugänglich sind, die aber trotzdem erfasst und begriffen werden können, auch wenn nur ansatzweise und bruchstückhaft.

Dilthey integriert in seiner Lebensphilosophie das Transzendente mit dem Empirischen, den menschlichen Geist mit den Gegebenheiten und Erlebnissen im Alltag. Der Mensch, das Leben und die Welt bilden eine unzertrennliche Einheit und sind viel mehr als das, was mit den Sinnen und dem Verstand erkannt werden kann.

Er betrachtet den menschlichen Geist als eine gestaltende Macht und betont vor allem die Bedeutung der Gefühle, der Willenskraft und des schöpferischen Potenzials des Menschen. Mit dem reinen Verstand kann man die Empfindungen, Leidenschaften, Träume, Ängste und Hoffnungen der Menschen kaum begreifen. Würde man sich lediglich auf die Rationalität beschränken, so würde man laut Dilthey die Welt nahezu verstümmeln. Das Leben ist eine Fülle an Erlebnissen, Erfahrungen, Empfindungen, Gedanken, Idealen, Wünschen, seelischen Kräften und Taten, die in der innigen Verbindung des Menschen mit der Welt zum Ausdruck kommen.

Dadurch definiert der Mensch auch seinen Platz in der Welt, der in Form einer persönlichen Haltung und Einstellung der Welt und dem Leben gegenüber zum Ausdruck kommt. Jede Weltanschauung umfasst ein bestimmtes Bild der Welt und zugleich ein Verständnis für das eigene Leben in Verbindung mit dieser Welt. Da das Leben des Menschen nur in den Beziehungen zur Welt besteht, ist jede Weltanschauung immer schon Teil des Lebens, sie ist zugleich Lebensanschauung und Lebensphilosophie.

2.5   Der Zeitgeist und andere Geister

Weltanschauungen und Weltbilder haben Dilthey zufolge eine Geschichte. Durch die unzertrennliche Verbindung zwischen dem Menschen und seinem Umfeld haben Weltanschauungen einen starken sozialen, historischen und kulturellen Bezug. Sie sind ein Ergebnis geschichtlicher Ereignisse und prägen gleichzeitig die Geschichte eines Volkes oder einer sozialen Gruppe. Einerseits ist ein Weltbild eine individuelle Perspektive, eine persönliche Betrachtung. Andererseits verdichten sich die individuellen

Weltanschauungen zu allgemeinen Weltsichten in der Gesellschaft und bringen einen bestimmten Zeitgeist hervor.

Jedes Volk oder jede menschliche Gemeinschaft wird im Laufe der Geschichte bestimmte Weltanschauungen, Grundeinstellungen und Haltungen entwickeln und festigen. Diese bleiben über einen längeren Zeitraum konstant und geben den Menschen Halt und Orientierung. Man weiß sozusagen, woran man sich halten und wonach man sich orientieren kann. Diese kulturellen Grundeinstellungen werden beispielsweise in Form von Geschichten, Sitten und Traditionen von Generation zu Generation weitergegeben. Sprüche wie „ohne Fleiß kein Preis" oder „Morgenstund' hat Gold im Mund" enthalten und vermitteln eine klare Botschaft über bestimmte Grundeinstellungen und Haltungen.

Man spricht von einer Sozialisation des Individuums, die dann stattfindet, wenn der Mensch sich den äußeren Meinungen und Gewohnheiten anpasst. Menschen beginnen die Welt so zu sehen, wie die anderen sie sehen, schätzen Dinge als richtig oder falsch ein, weil diese von anderen Personen so empfunden werden und setzen sich Ziele, die mit den Zielen der anderen übereinstimmen.

Den gesellschaftlichen Weltanschauungen und Lebensidealen liegt oft eine kollektive Gemütsverfassung zugrunde. Wir erleben dies, wenn wir an einem Ort beispielsweise eine fröhliche oder eine gedrückte Stimmung wahrnehmen. Wie die Menschen sich auf der Straße, im Verkehr oder im Berufsalltag verhalten, welche Umgangsformen zu beobachten sind, ob man sich freundlich oder abweisend begegnet, ob man optimistisch oder pessimistisch über die Zukunft spricht, all dies sind mögliche Zeichen einer kollektiven Gemütsverfassung. Den Menschen an diesem Ort ist dies oft gar nicht bewusst. Man ist das, was im Alltag geschieht, gewohnt, und es fallen einem die eigenen Gewohnheiten und Denkweisen gar nicht mehr auf. Erst wenn man einer anderen Person, einer fremden Weltanschauung, einem neuen Weltbild, einer andersartigen Lebensform begegnet, wird man sich der eigenen Sicht- und Denkweisen bewusst. Es fällt einem auf einmal auf, dass es vielleicht auch andere Interpretationen, Auffassungen, Lebensentwürfe und Ziele geben kann.

Für Hegel (2013) bestehen gesellschaftlich verankerte Weltanschauungen aus der Summe gleichgesinnter Auffassungen, die den allgemeinen geistigen Zustand der Menschen in einer bestimmten Zeit der Entwicklung manifestieren. Gesellschaftliche Weltanschauungen beschreiben eine bestimmte Weltordnung, aufgrund derer eine einheitliche Erklärung über den Menschen, die Welt und Gott gegeben wird. Je mehr Menschen an etwas Bestimmtes glauben, desto fester verdichten sich gewisse Ansichten und Überzeugungen, die dann als eine unhinterfragte, teilweise auch als absolute Wahrheit angenommen wird. Dazu gehören Auffassungen wie beispielsweise, dass der Mensch sich in einem unaufhörlichen Konkurrenzkampf befinde, dass jeder für sein Leben und Schicksal selber verantwortlich sei oder dass nur die Besten gewinnen und überleben werden.

Mit der Zeit entwickeln sich schließlich die Kultur und Identität eines ganzen Volkes oder auch einer spezifischen sozialen Gemeinschaft. Man spricht auch von einem kollektiven Bewusstsein und von einem allgemeinen moralischen oder sittlichen Empfinden einer Epoche oder Gesellschaft. Zum Beispiel wäre vieles, was heute in unseren westeuropäischen Ländern als sittlich und selbstverständlich gilt, vor hundert Jahren als skandalös bezeichnet worden. Gleichzeitig gab es damals Umgangsformen, etwa in der Erziehung, in der Partnerschaft oder in den Schulen, die heute für die meisten inakzeptabel wären. Man kann diesen Zeitgeist auch in der Mode, in der zeitgenössischen Musik, in den Traditionen und Bräuchen, in den Freizeitaktivitäten wie auch in den Ernährungsgewohnheiten beobachten.

In jeder Epoche mit ihren eigenen gesellschaftlichen Institutionen setzt sich eine dominante Weltanschauung durch. Diese bestimmt die Denkweisen, Vorlieben, Entscheidungen und Handlungen der Menschen. Der Charakter eines Zeitalters drückt die Geisteshaltung der Menschen aus, die in der Kunst, in der Literatur sowie in den wirtschaftlichen, politischen und sozialen Institutionen und vor allem in den Massenmedien ihren Ausdruck findet. Amerika gilt beispielsweise als das Land der unbegrenzten Möglichkeiten und des Optimismus. Andererseits spricht man von der „German Angst" und dem Deutschen Pessimismus (Bode 2006). Italien gilt als das Land der Freude und der schönen Künste und Frankreich als der Wohnsitz des feinen Genusses. Diese Bilder sowie die kollektiven Weltanschauungen und Lebensformen sind selbstverständlich einseitig und begrenzt. Sie können nicht die Lebensbezüge, Einstellungen und Ideale aller Menschen einschließen, weswegen in jeder Gesellschaft eine Vielfalt unterschiedlicher Weltanschauungen und Lebenshaltungen koexistiert. Wachstum und Fortschritt geschehen, wie noch zu sehen sein wird, wenn die dominanten Weltbilder aufgebrochen und erweitert werden und neue Formen zu einem reichhaltigeren und differenzierteren Leben beitragen können.

3

Hoffnungsbilder, Zukunftserwartungen und persönliche Einstellungen

Zusammenfassung

Das Phänomen der Hoffnung, d. h. wie Menschen Hoffnung erleben und was ihnen Hoffnung bedeutet, ist oftmals schwer in Worte zu fassen. Um diese Erfahrungen zu beschreiben, ist im Laufe der Zeit eine Vielzahl an verschiedenen Metaphern und Sprüchen entstanden, die im Rahmen des Hoffnungsbarometers näher untersucht wurden. Menschen betrachten die Zukunftsentwicklungen in Bezug auf ihr eigenes Leben sowie auf die gesellschaftlichen Bereiche der Wirtschaft, der Politik, der Umwelt und der sozialen Zusammenhänge sehr unterschiedlich. Optimistische oder pessimistische Einstellungen lassen sich zum Teil auf bestimmte Annahmen über die Natur und die Sinnhaftigkeit der Welt sowie auf das eigene Selbstbild zurückführen. Der Auffassung, die Welt, andere Menschen und man selbst sei grundsätzlich gut und freundlich, steht der Glaube an die Kontrollierbarkeit der Welt und an den reinen Zufall im Leben gegenüber.

© Springer-Verlag GmbH Deutschland, ein Teil von Springer
Nature 2019
A. M. Krafft, *Werte der Hoffnung*,
https://doi.org/10.1007/978-3-662-59194-9_3

3.1 Metaphern und Sprüche der Hoffnung

Bereits zu Beginn des 19. Jahrhunderts hat Wilhelm von Humboldt (2003) die Bedeutung der Sprache für die Entwicklung und Vermittlung von Weltbildern hervorgehoben. Was die Menschen sagen und wie sie es sagen sowie die überlieferten Geschichten und Erzählungen sind Zeugnisse von besonderen Weltanschauungen. Zu den meisten Weltbildern gehören auch Redewendungen, Maximen, Aphorismen, Sprüche und Metaphern, d. h. Bilder, die benutzt werden, um etwas zu beschreiben. Man bedient sich bekannter Ideen und erklärt damit weniger bekannte oder greifbare Sachverhalte. Jede dieser Redeformen enthält Annahmen und Urteile über aufgefasste Zusammenhänge, die man zwar nicht ganz durchschaut, aber trotzdem intuitiv wahrnimmt.

In den ersten Durchführungen des Hoffnungsbarometers wollten wir mehr über die positiven und negativen Bilder und Vorstellungen der Menschen zum Phänomen der Hoffnung erfahren. Erhoben wurden die Zustimmung oder Ablehnung von 16 Sprüchen und Metaphern, von denen die Hälfte eine positive Sicht und die andere Hälfte eine ablehnende Haltung der Hoffnung gegenüber zum Ausdruck bringen. Tab. 3.1 zeigt die Anzahl an Zustimmungen, die jede dieser Metaphern und Sprüche von insgesamt 3245 teilnehmenden Personen erhalten haben.

Mit dem Ausdruck „Die Hoffnung stirbt zuletzt" wird an erster Stelle von nahezu der Hälfte der Teilnehmenden das vitale Prinzip von Hoffnung betont. Solange es Leben gibt, besteht Hoffnung. Gleich an zweiter Stelle erscheint ein Kontrapunkt. Das Leben findet im Hier und Jetzt statt und es macht wenig Sinn, über die Vergangenheit und die Zukunft nachzudenken. Diese beiden Aussagen vermitteln

Tab. 3.1 Metaphern und Sprüche der Hoffnung (N = 3245)

Rang	Metaphern und Sprüche	Anzahl Nennungen
1.	Die Hoffnung stirbt zuletzt	1611
2.	Laufe nicht der Vergangenheit nach und verliere dich nicht in der Zukunft. Das Leben ist hier und jetzt	1130
3.	I have a dream	1097
4.	Die größten Menschen sind jene, die anderen Hoffnung geben können	1055
5.	Yes, we can	854
6.	Hoffnung und Freude sind die besten Ärzte	680
7.	Der Herr ist mein Hirte, mir wird nichts mangeln	601
8.	Befehle dem Herrn deine Wege und hoffe auf ihn; er wird's wohl machen	456
9.	Wer von der Hoffnung lebt, stirbt an Enttäuschung	263
10.	Hoffnung ist der erste Schritt auf der Straße der Enttäuschung	243
11.	Hoffen heißt: die Möglichkeit des Guten erwarten; die Möglichkeit des Guten ist das Ewige	206
12.	Hoffnung gehört zur Zukunft und ist uns keine Hilfe, in der Gegenwart Freude zu fühlen	184
13.	Hoffnung ist etwas für Leute, die unzureichend informiert sind	133
14.	Hoffnung ist ein gutes Frühstück, aber ein schlechtes Abendbrot	132
15.	Glücklich, wer die Belohnung der Hoffnungs- und Furchtlosigkeit gewonnen	69
16.	Ruhig schlummern, die frei von der Hoffnung. Nichts zu hoffen macht glücklich allein	53

Quelle: Krafft und Walker (2018)

unterschiedliche Auffassungen und Einstellungen dem Leben gegenüber. Einerseits geht es um die Gestaltung einer besseren Zukunft für sich und andere. Demgegenüber wird der Akzent auf das Erleben und Auskosten des gegenwärtigen Augenblicks und auf die momentane Achtsamkeit gelegt. Beide Sichtweisen können als Gegensätze aufgefasst werden, sie können aber auch als zwei sich ergänzende Lebenshaltungen miteinander koexistieren. In diesem Fall hat ca. ein Drittel der Personen beiden Aussagen zugestimmt. Ihnen ist die Hoffnung in die Zukunft und gleichzeitig auch das bewusste Wahrnehmen des Hier und Jetzt gleichermaßen wichtig, und sie sehen darin keinen Widerspruch.

Der drittplatzierte Ausdruck, „I have a dream", drückt den Traum von einer besseren Zukunft oder von einem persönlichen Ideal aus. Von den 1097 Personen, die diese Redewendung bejaht haben, wählten ca. 40 % auch die Aussage „… Das Leben ist hier und jetzt". Für viele Menschen schließen sich Zukunft und Gegenwart, Traum, Hoffnung und das bewusste Erleben des Augenblicks keineswegs aus. Beide Perspektiven gehören zum Leben und können in ein kohärentes Weltbild integriert werden.

Auf Platz vier erscheint der Gedanke, dass „die größten Menschen jene sind, die anderen Hoffnung geben können", womit der soziale Charakter von Hoffnung zum Ausdruck gebracht wird. Mit dem Slogan „Yes, we can" werden die eigenen Fähigkeiten sowie die Willens- und Entschlusskraft behauptet. Der Plural deutet wiederum auf eine soziale Gemeinschaft hin, zu der man sich zugehörig fühlt und mit der man zusammen bestimmte Ziele erreichen möchte. Zwischen 15 und 20 % der Befragten stimmen den religiösen Aussagen zu, mit denen der Glaube und das Vertrauen auf Gott bezeugt werden. Nur eine Minderheit von Personen lehnt die Hoffnung ab, sei es weil diese in Enttäuschung endet oder dem Glück und der Freude in der Gegenwart im Wege zu stehen scheint. Wer nichts erwartet wird auch nicht enttäuscht.

Diese verschiedenen Sprüche und Metaphern zeigen, wie unterschiedlich Hoffnung von den Menschen aufgefasst werden kann. Einige sehen in der Hoffnung ein vitales Prinzip. Andere verbinden diese mit ihren Träumen und Idealen. Die einen setzen auf ihre eigenen Kompetenzen und auf ihre Willenskraft. Andere wiederum vertrauen auf Gott. Für manche steht die Fokussierung auf Glück und Freude im Hier und Jetzt im Vordergrund. Einige wenige lehnen allerdings die Hoffnung in ihrem Leben ab. Vielleicht waren die Enttäuschungen für sie besonders schmerzvoll. Andere Menschen können angebliche Gegensätze wie Zukunftswünsche und Achtsamkeit sowie Hoffnung und Freude zu einem Sowohl-als-auch im Leben harmonisch integrieren.

3.2 Zukunftserwartungen dem Leben und der Welt gegenüber

Ein Weltbild entsteht, sobald versucht wird, aus der Flut von Erlebnissen und Eindrücken die Welt als Ganzes zu verstehen. Obwohl wir die Welt als Ganzes und die Zusammenhänge darin nicht wirklich überblicken können, benötigen wir doch einen festen Stand und verlässliche Orientierungspunkte, nach denen wir unser Leben gestalten können. Aufgrund von vereinzelten Informationen und Eindrücken erschafft sich der Mensch ein möglichst widerspruchsfreies Verständnis über die Welt als Ganzes, welches ihm wiederum dazu dient, den vielfältigen und oftmals zusammenhanglosen Erlebnissen im Alltag eine Bedeutung und einen Sinn zu geben. Der Mensch erschafft sich somit eine Vorstellung über das größere Ganze, über die Zusammenhänge und Entwicklungen in der Gesellschaft und integriert alles, was er erlebt, in dieses umfassende Bild (Aerts et al. 1994). So werden die allgemeinen Geschehnisse in Wirtschaft, Politik und Gesellschaft anhand vereinzelter Informationsstücke beobachtet und daraus ein Gesamtbild sowie eine Gesamtbeurteilung erstellt. Ob die Bewertung positiv oder negativ ausfällt, hängt sowohl von den konkreten Ereignissen als auch von den Erwartungen und Einstellungen der Menschen ab.

In der jährlichen Umfrage des Hoffnungsbarometers sind fünf Fragen den Zukunftserwartungen in Bezug auf das private Leben, auf den Fortgang in Wirtschaft und Politik sowie in den Bereichen Klima, Umwelt und Soziales gewidmet. Die Frage lautet: „Mit welcher Grundstimmung erwarten Sie das kommende Jahr?". Die Antworten können auf einer Skala von „1=sehr pessimistisch" bis „5=sehr optimistisch" gewählt werden. In Abb. 3.1 werden die Ergebnisse für das Erhebungsjahr 2018 mit Blick auf 2019 vorgestellt.

Das Erste, was in Abb. 3.1 auffällt, ist, dass die Zukunftserwartungen in Bezug auf das eigene Leben deutlich von

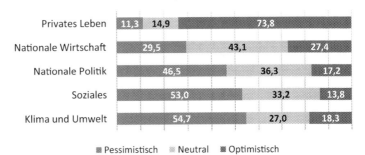

Abb. 3.1 Zukunftserwartungen in verschiedenen Bereichen (N = 3244)

den Aussichten in den Bereichen Wirtschaft, Politik, Klima/ Umwelt und Soziales abweichen. Im eigenen Leben blicken mehr als 70 % der Personen der Zukunft optimistisch entgegen. Lediglich 11,3 % schätzen die Perspektiven für sich selbst pessimistisch ein. Eine Mehrheit der Bevölkerung erwartet also, dass ihr in Zukunft mehr gute als schlechte Dinge widerfahren werden und dass es ihr im kommenden Jahr grundsätzlich gut gehen wird.

Dies steht im Kontrast zu den Erwartungen in den anderen Bereichen, die lediglich von 13,8 % bis 27,4 % der Menschen optimistisch eingeschätzt werden. Was die Wirtschaft anbelangt, trennt sich die Bevölkerung in drei Gruppen: Nebst den 27,4 % Optimisten sind 43,1 % neutral und 29,5 % pessimistisch eingestellt. In den Bereichen Politik, Umwelt und Soziales ist die Stimmung dagegen mehrheitlich pessimistisch. Mit nur kleineren Veränderungen sind diese Verhältnisse während der letzten acht Jahre nahezu konstant geblieben. Es stellt sich nun die Frage, wie diese Ergebnisse zu erklären und zu interpretieren sind.

Eine erste Antwort auf diese Frage kann aus der Lebensphilosophie und Weltanschauungslehre Diltheys (1960) abgeleitet werden. Die Welt, die jeder einzelne erlebt, ist nur ein kleiner Teil der Welt als Ganzes. Diesen kleinen Teil erlebt der Mensch sozusagen als Heimat, er ist ihm bekannt und vertraut. Den meisten Menschen geht es in Deutschland und der Schweiz persönlich gut. Sie haben alles, was sie im Leben brauchen und teilweise noch viel mehr. Im eigenen Leben herrschen meistens Stabilität und Wohlstand.

Alles was darüber hinausgeht, ist dem Menschen aber mehr oder weniger fremd. Auch wenn durch die Kommunikationsmedien wie Fernsehen, Radio, Zeitungen und Internet die Welt kleiner und zugänglicher geworden ist, wurde sie für den einzelnen dadurch nicht unbedingt verständlicher. Insbesondere nicht, weil die meisten Nachrichten schlechter Natur sind und somit negative Eindrücke hinterlassen. Je mehr (negative) Informationen über das, was in der Welt geschieht, zur Verfügung stehen, desto unbegreiflicher und rätselhafter wird diese für uns. Dies kommt vor allem daher, weil man die Nachrichten zwar liest, sieht und hört, diese allerdings nicht persönlich erlebt bzw. nur indirekt und unbeteiligt erfährt. Eine unverständliche Welt, in der bestehende Probleme als schwer lösbar erscheinen (denken wir beispielsweise an die zunehmende Kluft zwischen Arm und Reich, an die Umweltverschmutzung, an den Klimawandel u. a. m.), erzeugt Unsicherheit und in letzter Konsequenz sogar Angst, weswegen man den allgemeinen Geschehnissen und Entwicklungen vorerst skeptisch bis hin zu pessimistisch gegenübersteht.

Vor dem Hintergrund unverständlicher und unberechenbarer Geschehnisse wie Finanzkrisen, politische Debakel, Flüchtlingsströme, Natur- und Umweltkatastrophen sowie Klimaveränderungen entsteht ein Gefühl der Bedrohung. Im eigenen Leben kann man sich noch direkt engagieren, man kann handeln und eine Veränderung herbeiführen. Die eigene Welt wird in diesem Sinne begriffen, was so viel heißt, wie das eigene Leben im Griff zu haben. Die Welt, die aus den Medien wahrgenommen wird, entzieht sich größtenteils der persönlichen Erlebnisse und des direkten Einflusses. Auf der einen Seite steht die Welt des Vertrauens und des Berechenbaren, auf der anderen die des Rätselhaften und Bedrohlichen.

Daraus ergeben sich folgende psychologische Erklärungen:

1. Durch die unbegreiflichen und meist negativ wahrgenommenen Geschehnisse in der Welt befürchten

zahlreiche Menschen, bewusst oder unbewusst, die persönliche Sicherheit und den erlangten Wohlstand verlieren zu können. Man wird verletzbar.

2. Häufig wird empfunden, dass Politik und Wirtschaft die aktuellen wirtschaftlichen, gesellschaftlichen und ökologischen Probleme nicht lösen können, was eine bestimmte Ohnmacht und Perspektivlosigkeit auslöst. In der Wahrnehmung der Menschen werden manche Probleme von diesen sogar erzeugt.

3. Persönliche Sicherheit und materieller Wohlstand sind nur Rahmenbedingungen, allerdings nicht die wesentlichen Aspekte für ein erfülltes Leben. Hoffnung und Zuversicht sind, wie in den kommenden Kapiteln noch zu sehen sein wird, in ganz anderen Lebensbereichen verankert, wo Wirtschaft und Politik keine große Bedeutung haben.

4. Weil man das eigene Leben eher überschauen und darin etwas bewirken kann, gehen die meisten Menschen davon aus, ihnen würden im Vergleich zu anderen Menschen weniger negative Ereignisse zustoßen und dafür mehr positive Ereignisse widerfahren (siehe Optimismus-bias, Weinstein 1980). Dies drückt ein Urvertrauen in das Leben aus, welches zwar zum Teil irrational, aber durchaus positiv sein kann, und ohne dies der Mensch in Sorge, Angst und Verzweiflung versinken würde.

3.3 Grundannahmen über sich und die Welt

Eine Weltanschauung ist nicht bloß etwas, was man hat, sondern die Art und Weise, wie man ist. Sie ist nicht nur die Betrachtung einer äußeren Welt, sondern sie ist im Inneren des Menschen mit ihm selbst verwurzelt. Weltsicht und Selbstwahrnehmung, das Umfeld und das eigene

Leben sind aufs innigste miteinander verbunden. Jede Weltanschauung ist zugleich eine Selbst- und Lebensanschauung. Die Wahrnehmung und Gestaltung der Welt geht mit einer Entwicklung des eigenen Lebens einher. Wie eine Person die Welt begreift, ihren Sinn deutet und welche Stellung sie darin einnimmt, ist prägend für die Entwicklung ihrer eigenen Lebensform. Jede Weltanschauung ist zugleich Lebensgefühl, Lebensverständnis und Lebensentwurf. Gemäß dessen, wie wir die Welt sehen, empfinden, bewerten und gestalten, richten wir unser Leben ein, bewerten dieses und entwickeln uns zu einer individuellen Persönlichkeit.

Glaubt man beispielsweise, dass die Natur oder die Welt vom Menschen kontrolliert und gestaltet werden muss, so stellt sich automatisch auch die Frage, inwieweit man selbst in der Lage ist, das eigene Leben unter Kontrolle zu haben. Betrachtet man die Welt als einen gefährlichen Ort, wird man gleichzeitig eine Vorstellung darüber entwickeln, ob man sich ausreichend schützen oder gewisse Vorkehrungen für eine sorgenfreie Existenz treffen kann.

In der Psychologie hat Janoff-Bulman (1992) Menschen beobachtet, die traumatische Ereignisse erlebt haben, und erforscht, wie diese ihre negativen Erfahrungen verarbeiten. Sie ging davon aus, dass Menschen auf der Grundlage meistens unbewusster und unhinterfragter Vorstellungen und Grundannahmen über sich selbst und die Welt operieren. Diese Grundannahmen gestalten sich im Verlauf des Lebens als wiederkehrende Denkschemata, im Sinne von bestimmten Annahmen von sich selbst und der Welt. Auf dieser Grundlage werden aktuelle Situationen interpretiert, zukünftige Ereignisse vorweggenommen und die daraus resultierenden Handlungen ausgerichtet.

Nach Janoff-Bulman gibt es drei grundlegende Kategorien solcher Annahmen: 1) die Annahmen über die Güte der Welt; 2) über die Sinnhaftigkeit der Geschehnisse auf dieser Welt; und 3) die Auffassung von sich selbst.

1. Annahmen über die Güte der Welt: Menschen bewerten die Welt positiv oder negativ. Zu dieser Grundannahme gehören zwei Bezugspunkte. Die Güte der Welt im Allgemeinen und die Güte der Menschen im Besonderen.

   a) Je mehr jemand an die Güte der Welt glaubt, desto mehr ist die Person der Auffassung, die Welt sei ein guter Ort zum Leben und man könne auf dieser Welt glücklich sein.
   b) Wenn jemand der Meinung ist, die Menschen seien grundsätzlich gut, dann wird er oder sie die Menschen als freundlich, hilfsbereit und fürsorglich einschätzen.

2. Sinnhaftigkeit der Welt: Hier geht es um Erklärungen darüber, wieso und warum Menschen positive und negative Erfahrungen machen. Dazu gehören drei wesentliche Grundannahmen.

   a) Einerseits können Menschen an eine implizite Gerechtigkeit auf Erden glauben. Menschen, die Gutes tun, wird im Gegenzug auch Gutes widerfahren. Menschen, die Schlechtes tun, werden die Konsequenzen von ihrem Handeln tragen müssen.
   b) Als zweites kann man mehr oder weniger von der Kontrollier- oder Beherrschbarkeit von Ereignissen überzeugt sein. Menschen können die Welt und die Ereignisse darin „im Griff" haben, wenn sie das Richtige tun.
   c) Die dritte Annahme betrifft den Grad an Zufall, mit dem gewisse Dinge geschehen. Wenn Ereignisse sich rein zufällig ergeben, dann wird man sich diesen ausgeliefert fühlen, und es wird kaum etwas geben, was dafür oder dagegen unternommen werden kann.

3. Auffassung von sich selbst: Dazu gehören der wahrgenommene Selbstwert, die Selbstkontrolle sowie das
   Glück.

   a) Die erste Annahme über sich selbst betrifft das
      eigene Selbstwertgefühl: sieht man sich selbst als ein
      guter, liebwürdiger und anständiger Mensch oder im
      Gegenteil als unwürdig, schlecht und schuldig.
   b) An zweiter Stelle steht die Auffassung der Selbst-
      kontrolle. Damit ist nicht so sehr die Kontrolle über
      sich selbst gemeint, sondern die Vorstellung, man
      tue im Leben das Richtige und man habe das eigene
      Leben sozusagen unter Kontrolle.
   c) Die dritte Grundannahme bezieht sich auf die Wahr-
      nehmung darüber, man würde im Leben eher Glück
      oder Pech haben. Manche Menschen haben den Ein-
      druck, das Leben meine es besonders gut mit ihnen.
      Andere wiederum empfinden sich eher als Pechvögel.

Diese insgesamt acht Grundannahmen über die Welt
und über sich selbst wurden im Hoffnungsbarometer
des Jahres 2017 erhoben und deren Zusammenhang mit
dem individuellen Hoffnungsempfinden und den allgemeinen Erwartungen in den Bereichen Wirtschaft, Politik, Umwelt und Soziales untersucht. Die acht Kategorien
wurden mit insgesamt 32 Items (4 Items pro Kategorie)
erhoben, die auf einer Skala von 0 = überhaupt nicht einverstanden bis 5 = sehr einverstanden bewertet wurden
(Janoff-Bulman 1989). In Abb. 3.2 werden beispielhafte
Items mit den jeweiligen Einschätzungen veranschaulicht.

Zu den Annahmen über die Welt und den Menschen
glaubt lediglich ungefähr ein Viertel der Befragten, dass es
auf dieser Welt mehr Gutes als Übles gebe und dass die
Menschen grundsätzlich freundlich und hilfsbereit seien.
Mehr als die Hälfte ist nur mäßig davon überzeugt und

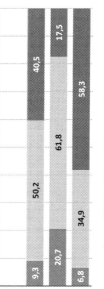

Welt- und Selbstbilder
(in %)

Annahmen über die Welt

Es gibt mehr Gutes als Übles auf dieser Welt. | 22,2 | 52,4 | 25,4

Menschen sind grundsätzlich freundlich und hilfsbereit. | 14,8 | 62,1 | 23,1

Sinnhaftigkeit der Welt

Im Leben bekommen die Menschen meist das, was sie verdienen. | 32,9 | 49,4 | 17,7

Das Unglück der Menschen entsteht aus ihren eigenen Fehlern. | 25,5 | 56,0 | 18,5

Der Lauf unseres Lebens ist weitgehend vom Zufall bestimmt. | 24,5 | 49,1 | 26,4

Selbstbild

Ich bin mit mir selbst sehr zufrieden. | 9,3 | 50,2 | 40,5

Ich verhalte mich meistens so, dass das Beste für mich herausschaut. | 20,7 | 61,8 | 17,5

Im Prinzip habe ich Glück im Leben. | 6,8 | 34,9 | 58,3

▨ Nicht einverstanden ▨ Mittelmäßig ▨ Einverstanden

Abb. 3.2 Welt- und Selbstbilder (N = 4146)

eine Minderheit glaubt gar nicht daran. Was die Sinnhaftigkeit der Welt anbelangt, glauben die wenigsten an
Gerechtigkeit und auch nicht daran, Menschen könnten
durch ihr Verhalten die Welt kontrollieren. Ein Viertel
der Teilnehmenden sind der Meinung, das Leben sei vom
Zufall bestimmt. In Bezug auf das Selbstbild ist ein Großteil der Menschen (40,5 %) mit sich selbst zufrieden und
ca. die Hälfte ist es nur teilweise. Wenige Personen sind
überzeugt, sie könnten durch ihr eigenes Verhalten das
Beste im Leben herausholen. Allerdings empfindet mehr
als die Hälfte, sie hätten im Leben mehr Glück als Pech.

Besonders interessant sind die Zusammenhänge zwischen diesen einzelnen Grundannahmen und Auffassungen über sich und die Welt. Tab. 3.2 zeigt die
Mittelwerte der acht Kategorien von Grundannahmen
sowie die Korrelationskoeffizienten zwischen den acht
Kategorien. Betrachten wir zuerst die Ausprägungen der
Mittelwerte. Am stärksten ausgeprägt sind das Selbstwertgefühl und die Auffassung von Glück im Leben. Der
Glaube an die Güte der Welt und der Menschen ist nur
moderat vorhanden. Die meisten Menschen sind daher
vorwiegend der Meinung, sie selber seien gute Menschen und hätten eher Glück im Leben, aber die anderen
Menschen seien nicht immer gut, freundlich und hilfsbereit (wie sie selbst). Von einer der Welt innewohnenden
Gerechtigkeit sowie von der Kontrollierbarkeit der Welt
sind die Menschen weniger überzeugt.

In Bezug auf die Korrelationsergebnisse seien hier die
wesentlichen Erkenntnisse hervorgehoben. Menschen mit
einem höheren Selbstwertgefühl haben auch eine positivere Einstellung der Welt und den Menschen gegenüber.
Oder auch umgekehrt gesagt, je positiver die Einstellung
zur Welt und zu anderen Menschen, desto höher ist das
Selbstwertgefühl. Der Glaube an den Zufall korreliert

Tab. 3.2 Mittelwerte der Grundannahmen über die Welt und sich selbst sowie deren Korrelationskoeffizienten (N = 4146)

	M	1	2	3	4	5	6	7	8
1. Güte der Welt	2,71	1							
2. Güte der Menschen	2,87	0,646*	1						
3. Gerechtigkeit	2,19	0,222*	0,349*	1					
4. Kontrollierbarkeit	2,47	0,086*	0,251*	0,562*	1				
5. Zufall	2,73	−0,129*	−0,069*	−0,115*	−0,082*	1			
6. Selbstwert	3,48	0,276*	0,282*	0,096*	0,119*	−0,147*	1		
7. Selbstkontrolle	2,75	−0,001	0,126*	0,284*	0,407*	0,137*	0,127*	1	
8. Glück	3,16	0,352*	0,468*	0,318*	0,292*	−0,023	0,358*	0,215*	1

*Zweiseitige Korrelation signifikant bei p<,01

leicht negativ mit Güte, Gerechtigkeit, Kontrollierbarkeit und Selbstwert und geringfügig positiv mit der
Einschätzung von Selbstkontrolle. Wer von der grund-
sätzlichen Güte der Welt überzeugt ist, glaubt weniger an
den reinen Zufall im Leben. Zwischen Zufall und Glück
gibt es keinen signifikanten Zusammenhang. Das Empfinden, man habe Glück im Leben, ist vor allem mit einem
positiven Menschenbild verbunden. Je stärker die Auffassung ausgeprägt ist, man könne die Welt kontrollieren,
desto stärker ist auch die Vorstellung von Gerechtigkeit.
Dies kann bedeuten, dass in der Welt vor allem dann
Gerechtigkeit herrscht, wenn die Menschen das Richtige
tun.

Diese Ergebnisse und Zusammenhänge lassen den
Schluss zu, dass die äußere Welt tatsächlich ein Korre-
lat des inneren Selbst zu sein scheint. Wenn wir mit uns
selbst zufrieden sind, können wir uns auf die Welt, auf
andere Menschen und auf neue Aufgaben freuen. Wenn
man jedoch traurig ist, sich als Verlierer sieht oder Selbst-
vorwürfe macht, wird man auch die Welt als düster, sinn-
los und unfreundlich betrachten. Wir sind und leben so,
wie wir die Welt sehen und sehen die Welt so, wie unser
Innenleben sie für uns darstellt.

3.4   Zukunftserwartungen, Hoffnung und persönliche Einstellungen

Mit jeder Weltanschauung sind Jaspers (1919) zufolge
gewisse Lebenseinstellungen und Lebenshaltungen verbunden. Unter Einstellung kann man die Stellung verstehen, die man im und zum Leben einnimmt, und unter
Haltung das, was einem Halt und Sicherheit im Leben
gibt. Wir haben bereits gesehen, dass Menschen ihr eigenes Leben sowie die Entwicklungen in Politik, Wirtschaft

und Gesellschaft teilweise sehr unterschiedlich einschätzen. Grundsätzlich kann man der Welt und dem Leben gegenüber eher positiv oder eher negativ eingestellt sein, was im Endeffekt den Charakterzug des Optimismus und des Pessimismus annehmen kann.

Nun können wir uns die Zusammenhänge zwischen den acht Grundannahmen über die Welt und sich selbst mit den Zukunftsperspektiven in den gesellschaftlichen Domänen sowie mit dem Hoffnungsempfinden in Bezug auf das eigene Leben ansehen (Tab. 3.3).

Die gesellschaftlichen Zukunftsperspektiven (mittlere Spalte in Tab. 3.3) stehen eindeutig mit einer positiven Auffassung über die Welt und den Menschen in Zusammenhang und etwas mäßiger mit dem Glauben an Gerechtigkeit und Glück. Kaum vorhanden oder sehr gering ist die Verbindung mit Kontrolle, Zufall, Selbstwert und Selbstkontrolle. Ob man die Welt als kontrollierbar auffasst und selbst das Notwendig tut, ändert scheinbar

Tab. 3.3 Korrelationskoeffizienten der Annahmen über sich und die Welt mit Zukunftsperspektiven und Hoffnung (N = 4145)

	Zukunftsperspektiven in den Bereichen Wirtschaft, Politik, Umwelt und Soziales	Hoffnung in Bezug auf das eigene Leben
Auffassungen über die Welt		
Güte der Welt	0,364*	0,487*
Güte der Menschen	0,318*	0,414*
Sinnhaftigkeit der Welt		
Gerechtigkeit	0,212*	0,299*
Kontrolle	0,148*	0,260*
Zufall	−0,046*	−0,148*
Auffassungen über sich selber		
Selbstwert	0,054*	0,437*
Selbstkontrolle	0,077*	0,177*
Glück	0,204*	0,554*

*Zweiseitige Korrelation signifikant bei p < ,01

wenig an den individuellen Zukunftsperspektiven in Bezug auf die Welt als Ganzes.

Diese Ergebnisse stimmen mit den Erkenntnissen von Ibrahim und Heuer (2016) überein: Optimismus und Pessimismus unterscheiden sich vor allem in der Auffassung darüber, ob die Natur des Menschen und der Welt grundsätzlich gut oder schlecht ist. Eine optimistische Einstellung geht im Allgemeinen von einer positiven Entwicklung der Welt und des Menschen aus. Eine pessimistische Weltsicht nimmt gegenüber den Geschehnissen in der Welt eine negative Haltung ein, was oft auch eine negative Selbstwahrnehmung zur Folge hat.

Mit Hoffnung in Bezug auf das eigene Leben stehen dagegen vor allem die positiven Auffassungen über sich selbst und die Welt in Beziehung. Wer ein positives Bild von der Welt und den Menschen hat, ein gutes Selbstwertgefühl besitzt und sich vom Leben beschenkt fühlt (Glück), blickt hoffnungsvoller in die Zukunft. Weniger ausgeprägt ist dagegen der Zusammenhang zwischen (Selbst-)Kontrolle und Hoffnung. Der Glaube an das Gute im Allgemeinen ist damit relevanter als die Auffassung, die Welt ließe sich vom Einzelnen kontrollieren bzw. man selbst habe die Welt unter Kontrolle. Zudem, je stärker man überzeugt ist, die Welt sei von Zufall und Beliebigkeit gekennzeichnet, desto weniger ist man optimistisch und desto schwerer fällt es einem, auf eine gute Zukunft zu hoffen.

Auch wenn die Ergebnisse des Hoffnungsbarometers keine Aussagen über Kausalitäten in die eine oder andere Richtung zulassen, können dennoch wertvolle Erkenntnisse daraus gezogen werden. Mit einem höheren Selbstwertgefühl sehen wir vor allem das Gute in der Welt und vertrauen auf das Gute im Menschen. Dieses positive Bild über uns selbst, die Welt und den Menschen wird von einer größeren Hoffnung in die Zukunft begleitet.

Dabei geht es weniger um das Empfinden, die Welt könne von uns kontrolliert werden, was vor allem dann vorkommt, wenn man sich von Zufall und Beliebigkeit bedroht fühlt. Im Extremfall ist der Glaube an eine vom Zufall beherrschte Welt auch ein Glaube an die Sinn- und Hoffnungslosigkeit im Leben. Diese Auffassungen und Annahmen werden sich vermutlich gegenseitig beeinflussen. Welche Haltung man in konkreten Situationen annimmt und welche Einstellung man gegenüber bestimmten Ereignissen entwickelt, ist prinzipiell immer eine Möglichkeit unter anderen. Es lohnt sich also, eine positive Haltung dem Leben, uns selber und der Welt gegenüber einzunehmen. Zumindest kann es nicht schaden, wenn man es mal versucht.

Kehrt man nun zur Lebensphilosophie von Wilhelm Dilthey zurück, lassen diese Erkenntnisse folgende Schlussfolgerungen zu: Durch den Prozess der Selbstreflexion entsteht im Menschen ein Bewusstsein von sich selbst, ein Selbstbewusstsein. Der Mensch beobachtet und bewertet sich selbst. Er kann sich als gut oder schlecht, als begabt oder unbegabt, als geeignet oder ungeeignet empfinden und sein Ich, seine Persönlichkeit somit positiv oder negativ gestalten. Mit einem positiven Selbstbewusstsein sind auch eine positivere Einsicht der Welt und der Zusammenhänge möglich. Das Leben ist somit ein ständiger Prozess der Selbsterkenntnis und zugleich der Welterkenntnis.

4

Hoffnung und Optimismus – zwei ungleiche Zwillinge

Zusammenfassung

Im Alltag scheinen Hoffnung und Optimismus häufig als Synonyme verwendet zu werden. Bei genauerer Betrachtung weisen die beiden Phänomene allerdings erhebliche Unterschiede auf. Die wesentlichen Dimensionen für den abweichenden Gebrauch der beiden Begriffe sind die wahrgenommene Eintrittswahrscheinlichkeit sowie die persönliche Kontrolle in Bezug auf das betreffende Gut. Während Hoffnung eher in Verbindung mit einer als niedrig eingeschätzten Eintrittswahrscheinlichkeit und einer geringeren persönlichen Kontrolle gebraucht wird, bezieht sich Optimismus auf Sachverhalte mit einer höheren Wahrscheinlichkeit und persönlicher Kontrolle. Des Weiteren wird Hoffnung anders als Optimismus vermehrt in kritischen Situationen, in Zusammenhang mit sozialen oder altruistischen Zielen von großer persönlicher Bedeutung sowie in Bezug auf ein spirituelles, religiöses oder allgemeines Vertrauen in das Gute erlebt.

© Springer-Verlag GmbH Deutschland, ein Teil von Springer Nature 2019
A. M. Krafft, *Werte der Hoffnung*,
https://doi.org/10.1007/978-3-662-59194-9_4

4.1   Am Ende des Optimismus beginnt die Hoffnung

Die bisherigen Erkenntnisse zu den Annahmen über sich und die Welt und die Einstellung dem Leben gegenüber bringen uns zu einer wichtigen Überlegung. Sind Hoffnung und Optimismus dasselbe oder unterscheiden sich diese beiden Phänomene voneinander? Oder ganz praktisch gefragt: Können Menschen weiterhin hoffen, auch wenn es keinen Grund mehr dafür gibt und sie nicht mehr optimistisch sein können?

Seit geraumer Zeit machen sich Philosophen und Geisteswissenschaftler vermehrt Gedanken über die wesentlichen Gemeinsamkeiten und Unterschiede zwischen den Erfahrungen der Hoffnung und des Optimismus. Schwer ist die Abgrenzung vor allem deswegen, weil es in verschiedenen Disziplinen unterschiedliche Definitionen und Vorstellungen darüber gibt, was Hoffnung und Optimismus sind. Oft und vor allem im alltäglichen Sprachgebrauch werden Hoffnung und Optimismus nahezu synonym verwendet und als eine positive Erwartung im Hinblick auf zukünftige Entwicklungen verstanden. Neuere empirische Forschungsergebnisse zeigen allerdings bedeutende Differenzen auf, wie Menschen die Begriffe Hoffnung und Optimismus im Alltag verwenden (Averill et al. 1990; Bruininks und Malle 2005; Scioli et al. 1997; Tong et al. 2010).

Eine optimistische Haltung ist laut Scheier und Carver (1987) mit der Erwartung verbunden, dass einem im Leben mehr gute als schlechte Dinge geschehen werden. Optimistisch eingestellte Personen haben vor allem positive Erwartungen an die Zukunft und pessimistisch gestimmte Menschen eher negative Vorstellungen (Scheier et al. 2001). Die Ursachen für eine optimistische oder pessimistische Einstellung können vielfältig sein: Man sieht sich selbst als fähig und talentiert, man zählt auf die Hilfe und Unterstützung anderer Menschen, man glaubt an ein gutes Ende etc.

Was sind aber nun die konkreten Unterschiede zwischen Hoffnung und Optimismus? Abb. 4.1 fasst die wesentlichen Erkenntnisse der aktuellen Forschung in Bezug auf die Gemeinsamkeiten und Differenzen zwischen Hoffnung und Optimismus grafisch zusammen.

Die Grafik besteht aus zwei Achsen: Auf der einen Achse steht die Eintrittswahrscheinlichkeit des gewünschten Zieles oder Ereignisses und auf der anderen Achse der Grad an persönlicher Kontrolle über die Erfüllung des Ergebnisses. Mit Eintrittswahrscheinlichkeit ist die subjektive Wahrnehmung gemeint, ob die Verwirklichung des gewünschten Ergebnisses als hoch oder niedrig eingeschätzt wird. Man kann die

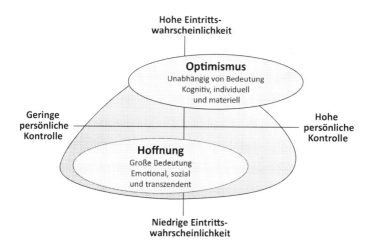

Abb. 4.1 Konzeptionelle Unterschiede zwischen Hoffnung und Optimismus

Eintrittswahrscheinlichkeit auch als eine Erfüllungs-
erwartung bezeichnen. Persönliche Kontrolle bezieht sich
wiederum auf die Wahrnehmung der Person, inwiefern sie
die Erreichung des Zieles oder Zustandes durch eigenes
Handeln herbeiführen oder beeinflussen kann.

Den Forschungsergebnissen von Bruininks und Malle
(2005) zufolge, richtet sich die Hoffnung auf Sachverhalte, deren Eintrittswahrscheinlichkeit als eher niedrig
eingeschätzt wird und über die die Person eine geringe
Kontrolle hat. Im Gegensatz dazu zeichnet sich Optimismus dadurch aus, dass er vor allem dann präsent ist, wenn
man die Zielerfüllung als wahrscheinlich einschätzt und
man für dessen Verwirklichung selber etwas tun kann.
Solange eine Situation keine besondere Herausforderung
darstellt, sind Hoffnung und Optimismus nahezu identisch. Sobald aber die Zielerfüllung ungewisser wird und
man weniger Einfluss darauf nehmen kann, geht der
Optimismus zurück aber die Hoffnung bleibt bestehen,
wie von Bruininks und Howington (2018) in einer neu-
eren Studie festgestellt wurde.

4.2   Die innere Kraft der Hoffnung

Bemerkenswerte Unterschiede zwischen Hoffnung und
Optimismus lassen sich auch anhand der Ergebnisse des
Hoffnungsbarometers demonstrieren. In Abb. 4.2 wird
beispielsweise ersichtlich, dass 49,7 % der Menschen auch
in ungewissen Zeiten das Beste erwarten, was von einer
optimistischen Haltung spricht, während 53,8 % der
Personen auch in schwierigen Zeiten hoffnungsvoll bleiben können. Damit wird gesagt, dass manche Menschen
weiterhin hoffen würden, auch wenn sie nicht mehr das
Beste erwarten können. Dies sind zwar subtile, aber in
konkreten Situationen bedeutsame Unterschiede. Bei-

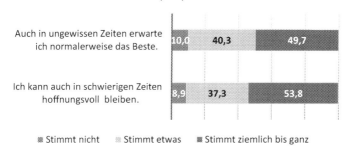

**Hoffnung und Optimismus
in ungewissen und schwierigen Zeiten**
(in %)

Abb. 4.2 Hoffnung und Optimismus in ungewissen und schwie-rigen Zeiten (N = 3244)

spielsweise wurde in der Pflegeforschung erkannt, dass Menschen mit einer chronischen oder lebensbedrohlichen Krankheit weiterhin auf die Gesundheit hofften, auch wenn aus medizinischer Sicht die Erwartung auf eine Hei-lung relativ gering ist (Feudtner 2005; Nierop-van Baalen et al. 2016).

In Abb. 4.3 kommen die Unterschiede zwischen Hoff-nung und Optimismus noch klarer zum Vorschein. Wäh-rend 56,4 % der Menschen optimistisch in die Zukunft schauen, sind 64,7 % hoffnungsvoll in Bezug auf ihr Leben. Obwohl beide Aussagen nahezu identisch klingen, kann auch hier festgestellt werden, dass das Wort Hoff-nung bzw. hoffnungsvoll eine stärkere innere Kraft hat als das Wort Optimismus bzw. optimistisch.

Besonders interessant sind die Ergebnisse in Abb. 4.4. Für 73 % der Befragten ist Hoffnung wichtig für ihr Leben und bei 59,4 % verbessert Hoffnung die Lebens-qualität, obwohl nur bei 38,8 % ihre Hoffnungen meis-tens in Erfüllung gehen. Hoffnung kann also trotz Enttäuschungen weiterhin bestehen bleiben, die Lebens-

Abb. 4.3   Hoffnung und Optimismus (N = 3244)

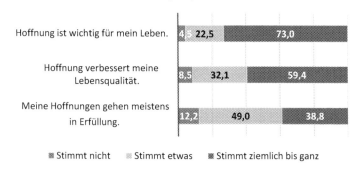

Abb. 4.4   Bedeutung und Erfüllung von Hoffnung (N = 3244)

qualität verbessern, aber auch wenn das nicht so ist, für viele Menschen eine wichtige bis unentbehrliche Ressource im Leben darstellen: Hoffnung stirbt bekanntlich zuletzt … auch nachdem alle Erwartungen und Aussichten sich anscheinend in nichts aufgelöst haben.

Hoffnung hat gemäß dieser Ergebnisse eine andere Qualität als Optimismus und besitzt einen besonderen

Wert für das Leben der Menschen, teils auch unabhängig davon, ob konkrete Wünsche tatsächlich in Erfüllung gehen oder nicht. Gabriel Marcel (1992) bezeichnet dieses Phänomen als absolute oder bedingungslose Hoffnung, die eine grundlegende Lebenseinstellung und Lebenshaltung zum Ausdruck bringt.

4.3 Hoffnung und Optimismus im Vergleich

Hoffnung und Optimismus unterscheiden sich voneinander offenbar viel grundsätzlicher als vermeintlich gedacht wird. Fassen wir die Forschungsergebnisse von Autoren wie Averill et al. (1990), Bruininks und Malle (2005), Bruininks und Howington (2018), Leung et al. (2009), Scioli et al. (1997) sowie Tong et al. (2010) kurz zusammen (Tab. 4.1).

Optimismus ist überwiegend kognitiv, während Hoffnung vor allem als Gefühl erlebt wird. Menschen hoffen

Tab. 4.1 Konzeptionelle Unterschiede zwischen Hoffnung und Optimismus

Hoffnung	Optimismus
Emotional	Kognitiv
Große persönliche Bedeutung	Allgemeine Bedeutung
Bezieht sich auf Gutes	Überwiegend wertfrei
Hohe Motivation und Willenskraft	Allgemeine Erwartung
Generelles Vertrauen	Fakten und rationale Gründe
Geringere Eintrittswahrscheinlichkeit	Hohe Eintrittswahrscheinlichkeit
Kritische Lebenssituationen	Allgemeine Lebenssituationen
Geringe persönliche Kontrolle	Stärkere persönliche Kontrolle
Spiritualität und Religiosität	Sachlich
Soziale und altruistische Ziele	Individuelle und leistungsorientierte Ziele

auf Dinge, die ihnen besonders wichtig sind, mit denen sie sich emotional verbunden fühlen. Hoffnung ist meistens auf gute, gesellschaftlich akzeptierte oder moralisch legitimierte Lebensinhalte bezogen. Für den Optimismus ist die Qualität des Zieles nahezu irrelevant. Durch die große Bedeutung und die emotionale Verbindung mit dem erhofften Ereignis ist in der Hoffnung eine stärkere Motivation, Entschlossenheit und Willenskraft enthalten als in der rein positiven Erwartung des Optimismus. Während sich der Optimismus vor allem auf Fakten und rationale Überlegungen bezieht, geht Hoffnung von einer persönlichen Beziehung zum erhofften Gut und ein grundsätzliches Gefühl des Vertrauens aus. Wenn die Wahrscheinlichkeit eines Sachverhalts sehr hoch ist, braucht es keine Hoffnung mehr, denn in solchen Fällen reicht der Optimismus vollkommen aus. Hoffnung tritt besonders in kritischen Lebenssituationen auf, dort wo die Zielerreichung unwahrscheinlich und die persönliche Kontrolle gering ist und deswegen auch soziale, religiöse oder spirituelle Ressourcen eine große Rolle spielen. Wenn man hofft, dann nicht nur für sich selbst, sondern oft auch für andere, vor allem geliebte Menschen. Dagegen ist Optimismus eher individuell und auf allgemeine Dinge bezogen.

Vor allem ist Hoffnung mit direkten persönlichen Erlebnissen und Erfahrungen verbunden, die dem Leben Inhalt und Fülle geben, weswegen diesem Thema das nächste Kapitel gewidmet wird.

5

Die Welt erleben und verstehen nährt die Hoffnung

Zusammenfassung

Was der Mensch direkt mit all seinen Sinnen und Gefühlen selbst erlebt, hinterlässt einen bleibenden Eindruck in ihm. Dagegen werden die Nachrichten aus den Medien sowie das Hörensagen über andere Wege größtenteils oberflächlich und unbeteiligt wahrgenommen. Welche Erlebnisse stärken die Hoffnungen der Menschen? Für die meisten Menschen sind es die guten Beziehungen zur Familie und zu Freunden, der Dank von Leuten, denen man geholfen hat, schöne Erlebnisse in der Natur sowie eine sinnvolle Aufgabe für einen guten Zweck. Als nächstes gelten persönliche Leistungen und Erfolge. Ca. ein Fünftel der Umfrageteilnehmenden berichtet über spirituell-religiöse Erlebnisse, wie die Erfahrung von Gottes Nähe und Beistand. Weniger relevant sind der technische Fortschritt, die Teilnahme an politischen Veranstaltungen sowie viel Geld verdient zu haben. Je öfters der Mensch durch eigenes Handeln unmittelbare Erfahrungen macht, die ihm helfen, sich selbst und die Welt besser zu verstehen, desto mehr wird die Hoffnung gestärkt.

© Springer-Verlag GmbH Deutschland, ein Teil von Springer
Nature 2019
A. M. Krafft, *Werte der Hoffnung*,
https://doi.org/10.1007/978-3-662-59194-9_5

5.1 Das Erlebnis als elementarste Einheit des Lebens

Die elementarste und unmittelbarste Einheit des Lebens ist laut Dilthey das persönliche Erlebnis. Aufgrund dessen, dass die eigenen Erlebnisse die entscheidende Quelle und Begründung von Hoffnung sind, wird diesem Thema ein eigenes Kapitel gewidmet. All das, was der Mensch persönlich und mit seinen Sinnen und Gefühlen erlebt, hinterlässt einen tieferen und bleibenden Eindruck in ihm – sowohl im Positiven als auch im Negativen. Solange man die Welt aus den Medien zur Kenntnis nimmt, bleibt das Leben oberflächlich und unbeteiligt. Wenn dies so ist, dann wird auch die Hoffnung, als ein wesentliches Phänomen des Lebens, vor allem von persönlichen Erlebnissen genährt oder vereitelt. Die Frage an dieser Stelle lautet, wie Menschen sich selbst und die Welt erleben und welche Erlebnisse dem Menschen Hoffnung geben.

Aufgrund seiner einzigartigen Geschichte und Biografie erlebt jeder Mensch seine Welt in einer sehr innigen und persönlichen Art und Weise und nicht als eine externe, vom Menschen abgekoppelte Realität. Auf die Frage, was die Wirklichkeit sei, wird aus einem physikalischen Weltbild geantwortet: alles was mit den Sinnen beobachtbar und daher messbar ist. Unser Blick auf die Welt besteht aber nur zum Teil aus einer objektiven Beobachtung durch unsere Sinnesorgane und unseren Verstand. Die Beschaffenheit der Welt und ihre Bedeutung für unser Leben kommen nicht so einfach von außen auf uns zu. Sie sind nicht lediglich eine objektive Vorstellung der äußeren Wirklichkeit. Der Mensch erlebt die Realität nicht primär auf rationale Weise, sondern entscheidend sind vor allem seine Gefühle sowie seine persönlichen Wertungen und

Interessen. Man könnte sagen, dass wir die Welt nicht nur erkennen, sondern vor allem erfühlen.

Jedes Erlebnis enthält eine Tiefe und eine Vielfalt, die in ihrer Bedeutung und Sinnhaftigkeit von niemanden außer dem erlebenden Menschen erfahren wird. Alles was der Mensch erlebt, gehört zu seinem Leben, es wird zu einer Tatsache, zu einer persönlichen Realität. Somit ist das Erleben die direkteste und ursprünglichste Form von Wissen, was auf alle Bereiche des Lebens zutrifft. Deswegen ist auch die Hoffnung ein ganz individuelles und von außen betrachtet oftmals schwer zu ergründendes Phänomen.

Aus psychologischer Sicht erleben verschiedene Menschen unterschiedliche Dinge und erzeugen damit unterschiedliche Wirklichkeiten. Dass dies so ist, erkennt man daran, dass ein und dieselbe Situation von verschiedenen Personen sehr unterschiedlich wahrgenommen wird, sehr unterschiedliche Gefühle auslöst, unterschiedliche Stimmungen erzeugt, unterschiedliche Handlungen bewirkt und unterschiedliche Erwartungen und Hoffnungen hervorbringt.

Ein Beispiel aus meinem persönlichen Leben: Die Fahrt auf einer Achterbahn war für unseren Sohn ein fast nicht zu übertreffendes Glückserlebnis, während es für mich ein einziges Grauen war. Noch bevor wir uns in einen Wagen setzten, lebten wir in zwei komplett verschiedenen Realitäten: die der freudigen Erwartung einerseits und die der resignierten Ergebung andererseits. Bis auf die Sitzhaltung hatten diese beiden Welten absolut nichts gemeinsam. Während unser Sohn von Achterbahnfahren nicht genug haben konnte und sich immer mehr davon erhoffte, sträubte ich mich andererseits immer mehr dagegen.

5.2   Erlebnisse und Erfahrungen der Hoffnung

Vor einigen Jahren stellten wir im Hoffnungsbarometer die Frage, welche Erlebnisse und Erfahrungen die Hoffnungen der Menschen stärken. Wir wollten wissen, worauf Hoffnung beruht, worauf es im Wesentlichen ankommt, damit Menschen hoffnungsvoll bleiben können: Geht es vor allem um persönliche Erfolge und Leistungen, um die erfolgreiche Überwindung schwieriger Lebenssituationen, um positive menschliche Beziehungen, um religiöse Erfahrungen, um unterhaltsame Ereignisse oder um etwas ganz anderes? Um dies zu erfahren, legten wir den Befragten eine Liste von 22 Erlebnissen vor, denen sie zustimmen oder die sie ablehnen konnten.

In Abb. 5.1 erkennt man die Erlebnisse und Erfahrungen, die den Menschen besonders hoffnungsvoll stimmen. Im Vordergrund stehen die positiven Beziehungen zu anderen Personen sowie die Verbindung zur Natur. Vor allem die Familie sowie gute Freunde sind für ein Leben in Hoffnung von zentraler Bedeutung. Positive Beziehungen werden zur Quelle von Hoffnung, wenn sie durch gegenseitige Hilfsbereitschaft und gute Taten geprägt sind. Diese Erlebnisse sind so wichtig für eine hoffnungsvolle Einstellung, weil sie positive Gefühle vermitteln und die Erfahrung und Zuversicht wecken, dass der Mensch nicht alleine ist, sondern auf andere zählen kann, wenn er es braucht.

Erst an sechster und achter Stelle erscheinen zwei Erfahrungen, die von persönlichen Leistungen und individuellen Erfolgen Zeugnis geben. Auch diese sind wichtig, haben aber im Verhältnis zu den positiven menschlichen Beziehungen eindeutig eine nachgelagerte Bedeutung.

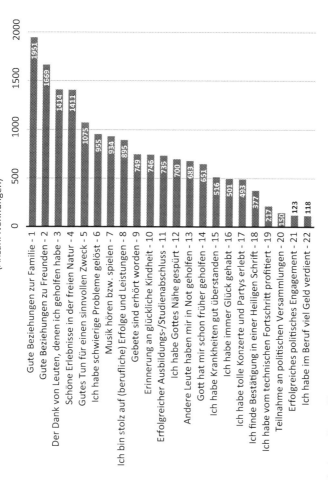

Erlebnisse der Hoffnung
(Anzahl Nennungen)

Erlebnis	Anzahl
Gute Beziehungen zur Familie - 1	1931
Gute Beziehungen zu Freunden - 2	1669
Der Dank von Leuten, denen ich geholfen habe - 3	1414
Schöne Erlebnisse in der freien Natur - 4	1411
Gutes Tun für einen sinnvollen Zweck - 5	1075
Ich habe schwierige Probleme gelöst - 6	955
Musik hören bzw. spielen - 7	934
Ich bin stolz auf (berufliche) Erfolge und Leistungen - 8	895
Gebete sind erhört worden - 9	749
Erinnerung an glückliche Kindheit - 10	746
Erfolgreicher Ausbildungs-/Studienabschluss - 11	735
Ich habe Gottes Nähe gespürt - 12	700
Andere Leute haben mir in Not geholfen - 13	683
Gott hat mir schon früher geholfen - 14	651
Ich habe Krankheiten gut überstanden - 15	516
Ich habe immer Glück gehabt - 16	501
Ich habe tolle Konzerte und Partys erlebt - 17	493
Ich finde Bestätigung in einer Heiligen Schrift - 18	377
Ich habe vom technischen Fortschritt profitiert - 19	217
Teilnahme an politischen Versammlungen - 20	150
Erfolgreiches politisches Engagement - 21	123
Ich habe im Beruf viel Geld verdient - 22	118

Abb. 5.1 Erlebnisse, die Hoffnung stärken (N = 3134)

Zwischen 20 und 25 % der befragten Personen fühlen sich durch Erlebnisse im Zusammenhang mit religiösen oder spirituellen Erfahrungen in ihren Hoffnungen bestärkt. Sie empfinden, dass ihre Gebete erhört worden sind, dass sie Gottes Nähe gespürt haben oder dass sie es erlebt haben, wie Gott ihnen in bestimmten Situationen geholfen hat. Wenn jemand feststellt, er oder sie habe Gott in einer bestimmten Situation erlebt oder eine besondere spirituelle Erfahrung gehabt, dann gehört dies zu seiner oder ihrer ganz persönlichen Wirklichkeit und Realität. Es ist dann nicht mehr nur ein Glaube, sondern ein konkretes Wissen, welches die Person hat, das ihr Sicherheit und Halt gibt und auf das sie im Verlauf des weiteren Lebens in Vertrauen zurückgreifen kann.

An unterster Stelle der Rangliste befinden sich Erlebnisse im Zusammenhang mit dem technischen Fortschritt, mit politischen Aktivitäten sowie mit materiellen Dingen wie Geld. Mit verblüffender Klarheit wird dadurch offensichtlich, wie wenig relevant wirtschaftliche, politische und technologische Aspekte für die persönlichen Hoffnungen der Menschen sind. Dies bedeutet allerdings nicht, dass diese Aspekte völlig unwichtig seien. Welche Bedeutung unterschiedliche Hoffnungen und ihr Zusammenhang mit einem erfüllten Leben einnehmen, wird in den kommenden Kapiteln vertieft behandelt.

5.3 Sich selbst und die Welt kennen und verstehen

Die Bedeutung von direkten und unmittelbaren Erlebnissen sowie von vertrauensvollen Beziehungen zu anderen Menschen knüpft an eine weitere Kategorie in Diltheys Philosophie an: das Konzept des Verstehens. Um zu einer tieferen Erkenntnis des Lebens zu gelangen, muss der Mensch sich selbst, andere Menschen und die Welt um sich herum verstehen. Für die Hoffnung kommt es weniger darauf an, wie viel Wissen jemand anhäuft, als wie gut man das Erlebte versteht und dem einen Sinn geben kann. Zu dieser Schlussfolgerung ist auch Aaron Antonovski (1997) gekommen, der die Erfahrungen und den Werdegang von Holocaust-Überlebenden untersuchte. Der Grund, warum Menschen nach traumatischen Lebenssituationen nicht krank werden, sondern gesund bleiben und auch noch ein glückliches Leben führen können, liegt in der Gesamtauffassung ihrer Erlebnisse zu einem kohärenten Zusammenhang.

Entscheidend sind drei psychologische Phänomene: Verständnis, Machbarkeit und Sinnhaftigkeit. Dies kann auf jegliche Lebenssituation übertragen werden. Mit dem Verständnis entwickel der Mensch ein höheres Bewusstsein von sich selbst und von den Zusammenhängen im Leben als Ganzes. Wenn man etwas versteht, hat man es durchdrungen und erhellt. Das Erlebte wird auf einmal bedeutsam und wertvoll, auch wenn es nicht immer angenehm ist. Durch das Verstehen werden dem Menschen sein eigenes Leben und die Welt zugänglich. Der Mensch kann sich selbst erst recht verstehen, wenn er die Zusammenhänge begreift, die sein Leben ausmachen. Wenn man die Welt nicht versteht, dann kann man auch den eigenen Platz darin nicht wirklich einordnen.

Mit Machbarkeit ist die Auffassung verbunden, man könne die Herausforderungen des Lebens meistern, sei es alleine, aber vorzugsweise mithilfe anderer. Sinnhaftigkeit bezieht sich auf die Einschätzung der Erlebnisse als wertvoll und wichtig für das eigene Leben. In späteren Kapiteln werden wir auf diese beiden Themen noch näher eingehen.

Bleiben wir vorerst mal beim Thema Verstehen. Ein allgemeines Lebensverständnis ist umso ausgeprägter, wenn sich die Menschen gegenseitig besser verstehen, ihre Gemeinsamkeiten und Unterschiede anerkennen und nachvollziehen können. Wenn wir andere Menschen mit ihren eigenen Weltanschauungen besser begreifen, entkommen wir der Einseitigkeit unseres eigenen Blickfelds und erweitern unsere Lebenserfahrung und unser Verständnis der Welt. Jeder kann seinen Erlebnishorizont erweitern und ein besseres Verständnis für andere entwickeln. Mit diesem erweiterten Verständnis eröffnen sich neue Horizonte und erscheinen neue Möglichkeiten zur Gestaltung des Lebens, was wiederum die Hoffnung beflügelt.

Verstehen findet aber nicht durch eine rein kognitive Aneignung von Informationen und Wissen statt. Durch das konkrete Handeln, über die Tat, können wir uns selbst und die Welt besser verstehen. Erst wenn der Mensch etwas erlebt, wenn er sich engagiert und etwas unternimmt, kann er ein wahres Verständnis dafür bekommen. Wenn man beispielsweise eine fremde Kultur kennenlernen möchte, dann muss man mit Menschen aus dieser Kultur in Kontakt treten, sich mit ihnen unterhalten, sehen, wie sie denken und leben. Weder aus den Büchern noch aus den Zeitungen oder dem Internet können wir andere Menschen und schon gar nicht eine fremde Kultur wirklich kennenlernen. Verstehen heißt so viel wie Erweiterung des eigenen Bewusstseins. Mit zunehmendem (Selbst-)bewusstsein erweitert sich auch das individuelle wie auch das gemeinsame schöpferische und gestalterische Potenzial. Sobald etwas begriffen wird und die Gestaltungsmöglichkeiten zunehmen, nähren sich die Hoffnung und die Zuversicht.

6

Werte und Ideale der Hoffnung

Zusammenfassung

Weltanschauungen sind nicht bloß eine neutrale Betrachtung der Welt, sondern sie enthalten immer schon Wertungen und Vorstellungen über verschiedene Ideale. Werte gründen auf Gefühle, beziehen sich auf wünschenswerte Ziele, motivieren zur Handlung und dienen als Bewertungsmaßstäbe. Sie sind gemäß ihrer Bedeutung hierarchisch gegliedert und können vier Kategorien zugeordnet werden: Selbsttranszendenz, Selbsterhöhung, Offenheit für Veränderungen und Bewahrung. Werte der Selbsttranszendenz wie beispielsweise Fürsorge, Verständnis und Toleranz anderen Menschen gegenüber sowie der Offenheit für Veränderungen sind am stärksten mit Hoffnung verbunden. Zu den prominentesten Hoffnungen der Menschen gehören die persönliche Gesundheit, eine glückliche Ehe, Familie oder Partnerschaft, Harmonie im Leben, vertrauensvolle Beziehungen zu anderen Personen, Selbstbestimmung sowie eine sinnerfüllende Aufgabe. Mehr Sex, mehr Geld sowie religiöse und spirituelle Erfahrungen spielen eine nachgelagerte Rolle.

© Springer-Verlag GmbH Deutschland, ein Teil von Springer Nature 2019
A. M. Krafft, *Werte der Hoffnung,*
https://doi.org/10.1007/978-3-662-59194-9_6

6.1   Universelle persönliche Werte

Aus der gefühlsbetonten Bedeutung positiver und negativer Erlebnisse heraus bilden sich die Wertvorstellungen. Diese sind mit Idealen verbunden, von denen der Mensch anschließend bestimmte Ziele ableitet. Weltanschauungen sind keine wertfreie Haltung der Welt gegenüber, sondern beinhalten immer schon eine wertende Beurteilung. Damit wird auch die Frage nach dem Sinn und Zweck der Dinge und Erlebnisse relevant. Jede Weltanschauung enthält sozusagen eine Gesinnung, die auf Gefühle gründet. Einzelne Ereignisse werden als angenehm oder unangenehm, motivierend oder frustrierend, schön oder hässlich erlebt. Diese können Gefühle der Sympathie oder Antipathie, der Lust oder Unlust, der Freude oder des Unmuts auslösen, aus denen heraus eine Beurteilung von richtig oder falsch, von gut oder schlecht entstammt. Werte sind all jenes, was dem Menschen wichtig ist, was ihm bedeutsam erscheint, worauf es ihm ankommt oder was seinem Leben Sinn und Inhalt gibt.

Das, worauf die Menschen hoffen, und das, was sie zur Erfüllung ihrer Hoffnungen tun, wird in der Regel ein Ergebnis ihrer persönlichen Wertvorstellungen sein. Im Rahmen des Hoffnungsbarometers wollten wir daher wissen, ob und in welcher Form Wertvorstellungen für das allgemeine Hoffnungsempfinden relevant sind und in welchem Zusammenhang Werte mit einzelnen persönlichen Hoffnungen und darüber hinaus mit konkreten Aktivitäten stehen. Dafür wurde das weit verbreitete Wertemodell von Shalom Schwartz (1994) verwendet, welches sich auf folgenden konzeptionellen Grundlagen stützt (Schwartz 2007; Schwartz und Cieciuch 2016):

1. Werte sind Überzeugungen, die auf Gefühlen gründen;
2. Werte beziehen sich auf wünschenswerte Ziele und motivieren zur Handlung;
3. Werte sind übergreifend und nicht auf spezifische Situationen bezogen;
4. Werte dienen als Standards bzw. Maßstäbe zur Beurteilung konkreter Erlebnisse und Sachverhalte;
5. Werte sind nach ihrer Wertigkeit und Bedeutung hierarchisch gegliedert;
6. Werte können miteinander kompatibel sein oder auch in Konflikt zueinander stehen;
7. Werte bilden aufgrund ihrer Nähe oder Distanz ein kreisförmiges Kontinuum;
8. Die Beziehungen der Werte untereinander prägen die Haltung und lenken das Verhalten der Menschen;
9. Werte sind im Alltag selten bewusst.

Durch die Vielfalt der Wertvorstellungen entsteht beim Menschen bewusst oder unbewusst eine Rangordnung der Werte, die dem Leben eine Orientierung und einen Sinn gibt. Werte drücken sich im Willen aus und bewegen den Menschen zur Tat. Manche Werte sind miteinander kompatibel und unterstützen sich in der Erfüllung gegenseitig, so zum Beispiel Sicherheit und Tradition. Manch andere Werte geraten dagegen miteinander in Konflikt. Wem beispielsweise Macht wichtig ist, der wird alles dafür tun, in Machtpositionen zu kommen, und für den wird das Wohlergehen anderer wahrscheinlich weniger relevant sein. Wer Kreativität schätzt, der wird sich schöpferisch betätigen und weniger Wert auf existierende Konventionen legen. Wem Spiritualität von Bedeutung ist, der wird regelmäßig meditieren oder eine Kirche besuchen usw.

In seinem ursprünglichen Modell unterscheidet Schwartz zehn Werte, die er später in 19 Unterkategorien aufgegliedert hat (Schwartz et al. 2012). In Abb. 6.1 wird das theoretische Modell mit den zehn Wertekategorien dargestellt, welches Schwartz und seine Kollegen in mehr als 30 Ländern größtenteils verifizieren konnten (Cieciuch et al. 2015; Schwartz 1992).

Die zehn Wertekategorien werden von Schwartz wie folgt definiert (Schwartz 2007, 2012; Schmidt et al. 2007 sowie Schwartz und Sagiv 1995):

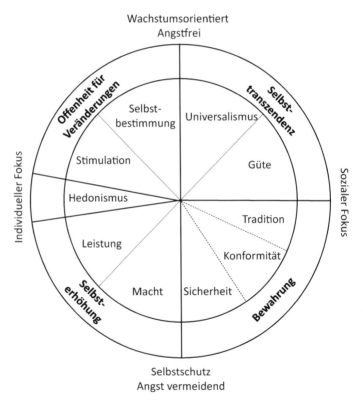

Abb. 6.1 Wertekontinuum von zehn universellen Werten und vier übergeordneten Wertekategorien

1. Selbstbestimmung: Entscheidungsfreiheit, Unabhängigkeit, Schöpfungskraft, Kreativität, selbstständiges Denken und Handeln (Motivation: Selbstbewusstsein)
2. Stimulation: Suche nach Neuigkeit und Herausforderungen im Leben; Streben nach Abwechslung und Aktivierung der Sinne (Motivation: Abwechslung und Spannung)
3. Hedonismus: Vergnügen und Freude an lustvollen Sinneserfahrungen (Motivation: Lust und Genuss)
4. Leistung: persönlicher Erfolg, individuelle Fähigkeiten und Kompetenzen, Ehrgeiz, Ergebnisse gemäß gesellschaftlich anerkannter Standards (Motivation: Erfolg und Selbstwert)
5. Macht: sozialer Status, Prestige, Kontrolle und Einfluss über andere Menschen und Ressourcen; Autorität, Ansehen, Reichtum (Motivation: soziale Anerkennung)
6. Sicherheit: Stabilität und Harmonie in der Gesellschaft, in den unmittelbaren persönlichen sozialen Beziehungen und bei sich selbst; familiäre und gesellschaftliche Sicherheit, soziale Ordnung (Motivation: körperliche, geistige und soziale Integrität)
7. Konformität: Vermeidung schädlicher Handlungen anderen Menschen gegenüber; Verhalten gemäß der sozialen Ordnung sowie der gesellschaftlichen Erwartungen und Normen; Höflichkeit, Gehorsam und Disziplin (Motivation: Akzeptanz)
8. Tradition: Respekt, Akzeptanz und Verpflichtung gegenüber kulturellen, religiösen oder familiären Bräuchen und Traditionen; Frömmigkeit und Demut (Motivation: Zugehörigkeit)
9. Güte (Benevolenz): Erhaltung und Förderung des Wohlergehens nahestehender Personen, Fürsorge und Verantwortung gegenüber Personen im unmittelbaren sozialen Umfeld; Hilfsbereitschaft, Ehrlichkeit, Treue (Motivation: Freundschaft und Liebe)

10. Universalismus: Toleranz, Verständnis, Wertschätzung und Schutz von anderen Menschen im Allgemeinen sowie Schutz der Natur; soziale Gerechtigkeit, Frieden, Einheit (Motivation: Offenheit)

Je näher die Wertekategorien im Kontinuum zueinander stehen, desto kompatibler und gegenseitig unterstützender sind diese. Je weiter weg diese sich voneinander befinden, desto stärker ist der potenzielle Antagonismus oder Konflikt zwischen den Werten. Bereiche, die nebeneinander stehen, wie beispielsweise Stimulation und Hedonismus, können durch bestimmte Handlungen (bspw. durch extreme Freizeitaktivitäten) gleichzeitig verwirklicht werden. Dagegen können Werte, die gegenüber stehen, wie beispielsweise Stimulation und Konformität, widersprüchliche Handlungen auslösen, sodass die Erfüllung des einen Wertes zulasten des anderen Wertes erfolgt. Je stärker man bspw. neue Herausforderungen sucht, desto weniger wird man in der Regel mit Konformität zurechtkommen und umgekehrt.

Diese zehn Werte sind in zwei übergeordneten Polaritäten von Grundwerten zusammengefasst: Offenheit für Veränderungen und Bewahrung einerseits sowie Selbsterhöhung (i. S. der Befriedigung eigener Interessen) und Selbsttranszendenz (oder Selbstüberwindung i. S. von Uneigennützigkeit) andererseits. Zur Offenheit für Veränderungen gehören die Wertekategorien Selbstbestimmung und Stimulation, und der Schwerpunkt liegt auf Kreativität, Neuigkeit und Herausforderungen. Der Grundwert Bewahrung schließt die Werte Sicherheit, Konformität und Tradition ein. Dabei geht es vor allem um Respekt, Stabilität und die Einhaltung gesellschaftlicher Normen und Grundsätze. Selbsterhöhung ist durch Erfolg und Macht gekennzeichnet, und Selbsttranszendenz vereint Güte und Universalismus. Der Wert

Hedonismus stellt eine eigene Wertekategorie dar, denn er kann sowohl mit Offenheit für Veränderungen als auch mit Selbsterhöhung in Verbindung stehen, weswegen er zur Vermeidung von Unschärfe als eine unabhängige Kategorie behandelt wird.

Die Grundwerte Selbsterhöhung und Bewahrung gelten als angstbasierte, Verlust vermeidende und selbstschützende Kategorien. Dagegen sind Offenheit für Veränderungen und Selbsttranszendenz angstfreie, wachstumsorientierte und Bewusstsein erweiternde Dimensionen. Während Offenheit für Veränderungen und Selbstverwirklichung einen individuellen Fokus besitzen (sie beziehen sich vor allem auf die eigene Person), liegt der Fokus von Selbsttranszendenz und Bewahrung auf der sozialen Ebene (Schwartz 2012).

Im Hoffnungsbarometer wurden die zehn Werte mittels des neuen von Schwartz entwickelten und validierten PVQ-RR-Fragebogens (Portraits Value Questionnaire Refined) mit 57 Items und einer Skalierung von 1 bis 6 erhoben (Schwartz et al. 2012). Die Items sind so formuliert, dass es für die Umfrageteilnehmenden auf den ersten Blick nicht ersichtlich wird, dass es beim Fragebogen um die Einschätzung von Werten geht. Die Messung wird indirekt anhand konkreter Situationen oder Präferenzen im Alltag einer dritten Person vorgenommen, mit der sich die beantwortende Person vergleichen und bewerten muss.

In Abb. 6.2 werden beispielhafte Items präsentiert zur Veranschaulichung der unterschiedlichen Werte mit deren Bewertungen durch die Umfrageteilnehmenden.

Die beispielhaften Ergebnisse dieser Aussagen zeigen, wie vielfältig und heterogen die Wertvorstellungen sein können. Den allermeisten Menschen liegen persönliche Freiheit (Selbstbestimmung) und Fürsorge gegenüber nahestehenden Personen (Güte) besonders am Herzen.

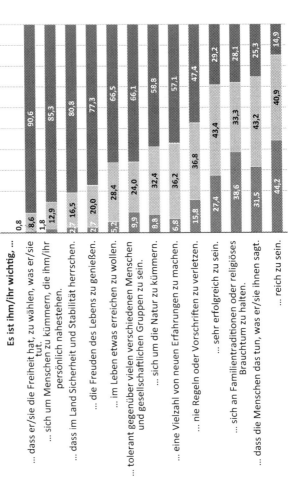

Beispielhafte Items zur Veranschaulichung persönlicher Werte
(in %)

Es ist ihm/ihr wichtig, …

… dass er/sie die Freiheit hat, zu wählen, was er/sie tut. — 0,8 | 8,6 | 90,6

… sich um Menschen zu kümmern, die ihm/ihr persönlich nahestehen. — 1,8 | 12,9 | 85,3

… dass im Land Sicherheit und Stabilität herrschen. — 2,7 | 16,5 | 80,8

… die Freuden des Lebens zu genießen. — 2,7 | 20,0 | 77,3

… im Leben etwas erreichen zu wollen. — 5,2 | 28,4 | 66,5

… tolerant gegenüber vielen verschiedenen Menschen und gesellschaftlichen Gruppen zu sein. — 9,9 | 24,0 | 66,1

… sich um die Natur zu kümmern. — 8,8 | 32,4 | 58,8

… eine Vielzahl von neuen Erfahrungen zu machen. — 6,8 | 36,2 | 57,1

… nie Regeln oder Vorschriften zu verletzen. — 15,8 | 36,8 | 47,4

… sehr erfolgreich zu sein. — 27,4 | 43,4 | 29,2

… sich an Familientraditionen oder religiöses Brauchtum zu halten. — 38,6 | 33,3 | 28,1

… dass die Menschen das tun, was er/sie ihnen sagt. — 31,5 | 43,2 | 25,3

… reich zu sein. — 44,2 | 40,9 | 14,9

▨ Kaum wichtig ▨ Mittelmäßig wichtig ▨ Ziemlich wichtig

Abb. 6.2 Beispielhafte Items zur Veranschaulichung persönlicher Werte (N = 3244)

Danach empfinden viele Menschen sowohl Sicherheit und Stabilität (Sicherheit) als auch Freude und Genuss im Leben (Hedonismus) als wichtige Werte. Menschen wollen als Nächstes etwas im Leben erreichen (Leistung) und tolerant gegenüber anderen Menschen sein (Universalismus). Dagegen sind Erfolg (Leistung), Familientraditionen und religiöse Bräuche (Tradition) sowie Menschen befehlen, was sie tun sollen (Macht) und vor allem Reichtum (Macht) von mäßiger bis hin zu geringer Bedeutung. Im Mittelfeld der Tabelle stehen die Sorge um die Natur (Universalismus), der Wunsch nach neuen Erfahrungen (Stimulation) sowie die Einhaltung von Regeln und Vorschriften (Konformität).

In einem ersten Schritt wollten wir wissen, ob die zehn Wertekategorien dem theoretischen Modell von Schwartz gut entsprechen. In Abb. 6.3 wird ersichtlich, dass dies

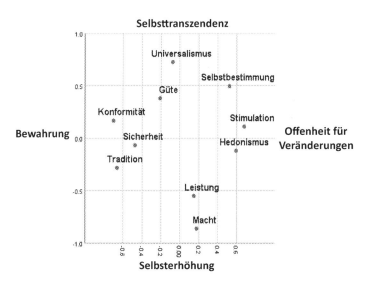

Abb. 6.3 Wertekontinuum der zehn Wertekategorien aus dem Hoffnungsbarometer (Multidimensionale Skalierung) (N = 3244)

größtenteils der Fall ist. Auffallend in unseren Daten ist die Nähe von Selbstbestimmung sowohl zur Offenheit für Veränderungen als auch zur Selbsttranszendenz. Dies bedeutet, dass Entscheidungsfreiheit, Unabhängigkeit, Schöpfungskraft, Kreativität und selbstständiges Denken auch zur Erhaltung und Förderung des Wohlergehens nahestehender und weiterer Personen dienen können und nicht im Sinne von Egoismus und Eigensinn zu verstehen sind.

In Abb. 6.4 wird die Rangliste der Mittelwerte aller zehn Wertekategorien in abnehmender Reihenfolge dargestellt, wie sie von den 3244 teilnehmenden Personen bewertet wurden.

Am stärksten ausgeprägt sind die Werte der Güte und der Selbstbestimmung, gefolgt von Universalismus, Sicherheit und Hedonismus. Was dem Menschen

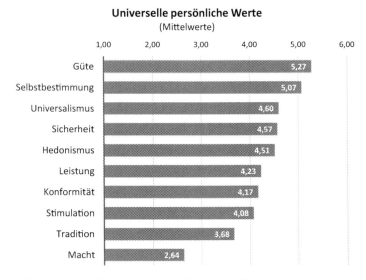

Universelle persönliche Werte
(Mittelwerte)

Abb. 6.4 Rangliste der universellen persönlichen Werte (N = 3244)

am wichtigsten ist, bezieht sich auf das Wohlergehen nahestehender Personen sowie auf die eigene Entscheidungsfreiheit und Schöpfungskraft. Von etwas geringerer Bedeutung erscheinen die Werte der Leistung, der Konformität, der Stimulation sowie der Tradition. An letzter Stelle, mit geringem Zuspruch, findet sich das Streben nach Macht wieder. Entgegen dem allgemeinen Glauben an eine leistungsorientierte Gesellschaft stehen Leistung und Genuss gar nicht an erster Stelle, sondern im mittleren Feld der Präferenzen.

Frauen bewerten Universalismus, Güte, Konformität, Sicherheit und Tradition signifikant höher als Männer. Dagegen fällt bei Männern die Machtdimension zwar immer noch gering, aber signifikant höher aus. Bezüglich der Altersgruppen gibt es bemerkenswerterweise nur geringe Unterschiede. Mit dem Alter nehmen Hedonismus, Leistung und Stimulation leicht ab. Andererseits nehmen Tradition, Sicherheit und auch Selbstbestimmung mit dem Alter geringfügig zu. Bei Universalismus und Güte sind die Altersunterschiede kaum erkennbar. Während die Gruppe aus der Schweiz die Bereiche Selbstbestimmung, Sicherheit, Hedonismus und Tradition leicht höher einschätzt, bewertet die Gruppe aus Deutschland Universalismus geringfügig höher. Die Unterschiede zwischen den beiden Ländern können weder aufgrund der Geschlechterverteilung (bei beiden Gruppen sind ca. 60 % Frauen und 40 % Männer vertreten) noch aufgrund des Alters (der Altersdurchschnitt der deutschen Gruppe liegt bei ca. 41 Jahren und der der Schweizer Gruppe bei ca. 44 Jahren) erklärt werden.

Nebst den Ausprägungen der einzelnen Wertekategorien sind an dieser Stelle vor allem die Zusammenhänge zwischen den universellen Grundwerten und dem

Tab. 6.1 Korrelationswerte zwischen den universellen Grundwerten und Hoffnung und Flourishing (N = 3244)

Universelle Grundwerte	Hoffnung	Flourishing
Selbsttranszendenz	0,291*	0,363*
Offenheit für Veränderungen	0,280*	0,314*
Bewahrung	0,147*	0,188*
Selbsterhöhung	0,064*	0,068*

*Zweiseitige Korrelation signifikant bei p<,01

allgemeinen Hoffnungsempfinden sowie einem erfüllten und aufblühenden Leben, in Englisch Flourishing genannt (Diener et al. 2010; siehe auch Huppert und So 2013 sowie Ryff und Singer 2000), von Interesse.

Die Korrelationskoeffizienten in Tab. 6.1 zeigen, dass das allgemeine Hoffnungsempfinden sowie ein erfülltes Leben am stärksten mit den universellen Grundwerten der Selbsttranszendenz (Universalismus und Güte), der Offenheit für Veränderungen (Selbstbestimmung und Stimulation) und an dritter Stelle mit Bewahrung (Tradition, Konformität und Sicherheit) in Verbindung stehen und dass kaum ein Zusammenhang mit dem Wert der Selbsterhöhung besteht. Menschen mit einem ausgeprägten Sinn für Toleranz, Verständnis, Wertschätzung und Fürsorge anderer Menschen gegenüber sowie Personen, die im Leben Verantwortung übernehmen, neue Herausforderungen suchen, selbstständig entscheiden und handeln, sind auch diejenigen, die hoffnungsvoller sind und ein erfüllteres Leben führen. Hoffnung und Flourishing stehen dagegen kaum mit Leistungs- und Erfolgsorientierung sowie Machtstreben in Verbindung. Hoffnung und Flourishing korrelieren wiederum stark miteinander (r= 0,673), was bedeutet, dass Personen, die ein erfülltes Leben führen, am hoffnungsvollsten in die Zukunft schauen.

6.2 Persönliche Ideale und Hoffnungen

Die Welt, in der wir leben, ist für uns nicht neutral. Jeder Mensch bevorzugt, befürwortet oder liebt bestimmte Dinge und lehnt wiederum andere Dinge ab. Wir sind ständig dabei, unsere Erfahrungen zu beurteilen und zu bewerten. Im Kern steht die Frage, was uns glücklich stimmt, was uns gleichgültig ist und was uns Kummer und Leid bereitet. Schließlich gilt es zu entscheiden, was unser Leben lebenswert macht.

Für Dilthey (1962) vereint jede Weltanschauung eine Lebenserfahrung, ein Weltbild und bestimmte Lebensideale. Auf der Grundlage von konkreten Lebenserfahrungen entsteht beim Menschen ein Weltbild als persönliches Verständnis der aktuellen Welt sowie eine Auffassung über das Ideal, das höchste Gut und die obersten Grundsätze im Leben. An diese Ideale knüpft der Mensch seine persönlichen Hoffnungen.

Lebensideale sind ein Ergebnis von persönlichen Gefühlen, Vorstellungen und Wertungen. Wenn Ereignisse und Dinge in angenehm oder unangenehm, schön oder hässlich, gut oder schlecht, richtig oder falsch eingestuft werden, dann entwickelt der Mensch eine persönliche Vorstellung darüber, was das Beste, das Schönste und das Allerwichtigste im Leben ist. Auch hier geht es zuerst einmal um ein inneres Gefühl und eine Haltung, welche sich dann zu allgemeinen Grundsätzen, Lebenszwecken und dann zu konkreten Zielen entwickeln. Diese Ideale verleihen dem Leben einen Sinn und, wie Dilthey es formuliert, eine praktische Energie. Der Mensch richtet seine Willenskraft und sein praktisches Handeln auf diese Lebensideale aus. Weltanschauungen sind daher nicht passive Bilder und Anschauungen wie der Begriff zu vermuten Anlass gibt, sondern wirken sich vielmehr aktiv auf die Gestaltung des eigenen Lebens und der Welt aus.

Mit dem Hoffnungsbarometer erheben wir jedes Jahr die wichtigsten Hoffnungen der Bevölkerung. Persönliche Hoffnungen sind Dinge oder Bereiche im Leben, die dem Einzelnen besonders wichtig sind und die als erstrebenswert, möglich und erreichbar gehalten werden, unabhängig davon, ob ihre Eintrittswahrscheinlichkeit als hoch oder niedrig eingeschätzt wird. Im Vordergrund steht, wie bereits erläutert, die Bedeutung des Erhofften im Leben der Person und nicht die Vorstellung einer subjektiv bewerteten oder mathematisch berechneten Erwartung. Persönliche Hoffnungen verkörpern vielmehr die Träume, Sehnsüchte oder Herzenswünsche der Menschen.

Auf die Frage „Welches sind Ihre großen persönlichen Hoffnungen für das kommende Jahr?" werden den befragten Personen jährlich 17 Lebensbereiche vorgestellt, die sie auf einer Skala von „0=nicht wichtig" bis „3=sehr wichtig" bewerten können. Die 17 Lebensbereiche decken sechs unterschiedliche Kategorien ab:

1. Persönliches Wohlbefinden (z. B. persönliche Gesundheit);
2. Soziale Beziehungen (z. B. glückliche Ehe, Familie, Partnerschaft);
3. Erfolg und materielle Güter (z. B. mehr Geld);
4. Lust und Vergnügen (z. B. mehr Sex, romantische Erlebnisse);
5. Altruismus (anderen Menschen helfen können) und
6. Religiöse Erfahrungen.

Abb. 6.5 listet die Mittelwerte der persönlichen Hoffnungen in abnehmender Reihenfolge auf. Bemerkenswert ist, dass diese Reihenfolge in den letzten zehn Jahren, seit-

Persönliche Hoffnungen
(Mittelwerte)

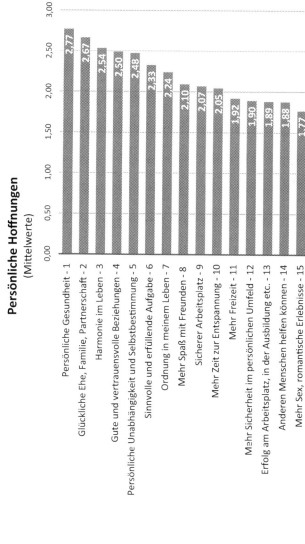

	Mittelwert
Persönliche Gesundheit - 1	2,77
Glückliche Ehe, Familie, Partnerschaft - 2	2,67
Harmonie im Leben - 3	2,54
Gute und vertrauensvolle Beziehungen - 4	2,50
Persönliche Unabhängigkeit und Selbstbestimmung - 5	2,48
Sinnvolle und erfüllende Aufgabe - 6	2,33
Ordnung in meinem Leben - 7	2,24
Mehr Spaß mit Freunden - 8	2,10
Sicherer Arbeitsplatz - 9	2,07
Mehr Zeit zur Entspannung - 10	2,05
Mehr Freizeit - 11	1,92
Mehr Sicherheit im persönlichen Umfeld - 12	1,90
Erfolg am Arbeitsplatz, in der Ausbildung etc. - 13	1,89
Anderen Menschen helfen können - 14	1,88
Mehr Sex, romantische Erlebnisse - 15	1,77
Mehr Geld - 16	1,57
Religiöse und spirituelle Erfahrungen - 17	0,78

Abb. 6.5 Persönliche Hoffnungen nach Wichtigkeit (N = 3244)

dem es den Hoffnungsbarometer gibt, nahezu unverändert geblieben ist.

Auf den Plätzen eins bis sieben erscheinen am prominentesten die Hoffnungen im Zusammenhang mit persönlichem Wohlbefinden und mit der Qualität sozialer Beziehungen. Dies sind die Bereiche, die den Menschen im Leben am wichtigsten erscheinen. An oberster Stelle steht der Wunsch nach guter Gesundheit. Die Gesundheit ist dermaßen wichtig, weil sie eine wesentliche Voraussetzung für ein aktives und erfülltes Leben darstellt. Wie wertvoll die Gesundheit ist, erleben wir spätestens dann, wenn wir sie mal vermissen. Schon eine einfache Erkältung zeigt uns, wie stark eine körperliche (und in anderen Fällen auch eine psychische) Belastung das Leben eines Menschen beeinträchtigen kann.

Als Zweitwichtigstes im Leben steht für die meisten Menschen der Wunsch nach einer glücklichen Ehe, Familie oder Partnerschaft. Die hohen Trennungs- und Scheidungsraten in unseren Ländern dürfen nicht darüber hinwegtäuschen, dass der Mensch sich grundsätzlich nach einer stabilen und glücklichen Beziehung und Familie sehnt. Dies zeigen auch die Werte bei alleinstehenden Menschen. Bei diesen steht eine glückliche Ehe, Familie oder Partnerschaft zwar an sechster Stelle, aber umso wichtiger sind ihnen auf Platz zwei die guten Beziehungen zu den Menschen im Allgemeinen.

Als Nächstes erhofft sich eine Mehrheit der Personen Harmonie im Leben sowie gute und vertrauensvolle Beziehungen mit anderen Menschen. Dies spiegelt das Verlangen nach innerem und äußeren Frieden und Gleichgewicht wider. Trotz oder gerade wegen der allgegenwärtigen Hektik, des belastenden Stresses sowie der Spannungen und Konflikte im Alltag, sei es am Arbeitsplatz, im persönlichen Umfeld oder auch innerhalb der Familie, sehnt man sich nach Ruhe, Ausgeglichenheit und

Verständigung. Dazu gehört auch das Gefühl der Ordnung im Leben, welches auf Platz sieben rangiert.

Mit Harmonie und Ordnung steht auch die an fünfter Stelle platzierte Hoffnung nach persönlicher Unabhängigkeit und Selbstbestimmung in Bezug. Laut den Autoren Ryan und Deci (2000) ist Selbstbestimmung ein Grundbedürfnis des Menschen, welches aus Autonomie, Selbstkompetenz und guten sozialen Beziehungen besteht. In einer Zeit, wo viele Menschen sich von externen Zwängen getrieben und gehetzt fühlen und wo es an Anerkennung und Wertschätzung mangelt, möchte man wieder Herr über das eigene Leben werden. Mit Unabhängigkeit und Selbstbestimmung gewinnt der Mensch an innerer Freiheit, trifft selbstständige und selbstverantwortliche Entscheidungen und empfindet sich kompetent, das eigene Leben zu gestalten. Dies ist eines der Gründe, wieso viele vor allem junge Menschen den Sprung in die berufliche Selbstständigkeit wagen.

An immer noch prominenter sechsten Stelle erhoffen sich viele Menschen eine sinnvolle und erfüllende Aufgabe. Der Mensch ist laut Frankl (1979) das Wesen, das einen Sinn im Leben braucht. Diesen Sinn findet man in der Regel, wenn man eine Aufgabe wahrnimmt, mit der man ein bedeutendes Werk vollbringt und mit der man anderen Menschen helfen kann. Trotz vollgepackter Terminkalender und zunehmender Beschäftigungen leiden viele Menschen an einem Mangel an Lebenssinn und erhoffen sich eine erfüllende Aufgabe, damit sich der Beruf zu einer persönlichen Berufung entwickelt, die man mit Freude und Leidenschaft ausübt. Eine sinnerfüllende Aufgabe ist den meisten Personen deutlich wichtiger als eine sichere Arbeitsstelle und viel bedeutsamer als persönlicher Erfolg und Karriere.

Im mittleren Tabellenbereich kommen Erlebnisse zum Ausdruck, die mit Freizeit und Vergnügen (Spaß mit

Freunden, Zeit zur Entspannung etc.) sowie mit einem Gefühl der Sicherheit im Leben zusammenhängen. Freude und Sicherheit, sie erinnern uns an die Motive der Menschen in der griechischen Antike, sind zwar von Bedeutung, aber lange nicht so wichtig wie Harmonie, innerer Friede, gute Beziehungen und Sinn im Leben.

Im letzten Drittel, etwas abgeschlagen, findet man die Hoffnungen auf Erfolg, auf mehr Geld sowie auf Sex. Dies heißt allerdings nicht, dass diese Bereiche unwichtig seien. Persönlicher Erfolg ist eine wesentliche Quelle von Selbstbewusstsein und Selbstvertrauen, außerdem benötigen wir alle Geld, um unser Leben zu bestreiten. In einer reichen Gesellschaft, wo es nur sehr wenigen Menschen an den nötigen materiellen Gütern mangelt, verliert das Geld allerdings an Bedeutung. Auch wenn eine sinnerfüllende Aufgabe wichtiger als Erfolg ist, soll das nicht ausschließen, dass eine sinnerfüllende Aufgabe mit Erfolg gekrönt werden darf. Eine erfüllende Sexualität ist nicht wichtig per se, sondern ein wichtiger Bestandteil einer glücklichen Partnerschaft. Die Suche nach sexuellen Erfahrungen ist vielleicht ein menschlicher Trieb, aber keine stark ausgeprägte menschliche Hoffnung.

Einen besonderen Stand nimmt an letzter Stelle die Hoffnung auf religiöse und spirituelle Erfahrungen ein. Für mehr als die Hälfte der an der Umfrage beteiligten Personen (54 %) sind religiöse und spirituelle Erfahrungen überhaupt nicht wichtig. Dies zeugt von einer säkularisierten Gesellschaft, in der Religiosität und Spiritualität nicht zum dominanten Zeitgeist gehören. Etwas mehr als einem Fünftel der Bevölkerung (21,5 %) sind Erfahrungen im religiösen und spirituellen Sinne allerdings ziemlich bis sehr wichtig. Dies entspricht der Anzahl an Menschen, die Gott in bestimmten Situationen oder im Gebet bereits erlebt haben (Tab. 3.1).

Diese Hoffnungen sollten als oberste Ziele und Ideale im Alltag dienen. Sie sollten die Gedanken, Entscheidungen und Aktivitäten der Menschen bestimmen. Somit stellt sich die Frage, ob wir unseren wichtigsten Hoffnungen, der Gesundheit, der Familie, der Harmonie im Leben, den Freundschaften, den sinnstiftenden Aufgaben usw. genügend Aufmerksamkeit und Zeit schenken. Was aber, wenn diese Lebensideale nicht immer als Orientierung für das Handeln der Menschen dienen? Was, wenn aufgrund externer Einflüsse und Zwänge die Prioritäten anders gelegt werden, als es dem Einzelnen von Bedeutung wäre? Im Gegensatz zu den Ergebnissen unserer Umfrage scheint sich im Alltag vieler Menschen das Leben nach den beruflichen Vorstellungen von Erfolg und Karriere sowie nach Geld und materiellen Gütern zu richten. Wie bereits gesagt, sind Erfolg und Geld nicht per se schlecht. Die Frage ist allerdings, wie viel Zeit und Aufmerksamkeit dem Job und dem Geldverdienst und wie viel der eigenen Gesundheit, der Familie sowie der Verwirklichung persönlicher Träume gewidmet wird.

Jeden Tag entscheiden wir, worauf wir unsere Energie und Schaffenskraft richten wollen. Das Leben ist schließlich das Ergebnis dieser Entscheidungen. Der Mensch entscheidet sich für bestimmte Ziele und lässt andere wiederum außer Acht. Schließlich richtet er sein ganzes Leben bewusst oder unbewusst auf gewisse Inhalte aus und schmiedet dadurch eine persönliche Lebensform. Auch wenn die äußeren Umstände den persönlichen Willen stark begrenzen, ist der Mensch grundsätzlich frei, seine eigenen Schwerpunkte zu legen. Der Mensch kann sich für oder gegen ein Ziel oder eine Handlung entscheiden, er kann neue Prioritäten definieren und sich dafür einsetzen, was ihm wirklich wichtig ist. Letztendlich ist dies eine Frage der Selbsterkenntnis und des Selbstbewusstseins. Je stärker das Selbstbewusstsein, desto stärker ist auch der Wille, die eigenen Ideale konsequent zu verwirklichen.

6.3 Zusammenhang von persönlichen Werten und Hoffnungen

Eine aufschlussreiche Analyse besteht darin, die persönlichen Werte mit den persönlichen Hoffnungen in Beziehung zu setzen. Tab. 6.2 zeigt die Korrelationskoeffizienten zwischen den übergeordneten Werten und den persönlichen Hoffnungen unserer Population. Während die Zahlen mit einem Stern (*) als statistisch signifikant gelten, weisen die Zahlen ohne einem Stern keinen signifikanten Zusammenhang zwischen den beiden Variablen auf. Im Gebiet der persönlichen Werte und Hoffnungen gelten Koeffizienten um $r = 0{,}20$ und höher als relevante Größen (Schwartz, persönliche Kommunikation).

Zur Erinnerung: Der übergeordnete Wert der Selbsttranszendenz ist gekennzeichnet durch Verständnis, Wertschätzung, Toleranz und dem Sinn für das Wohlergehen nahestehender (Benevolenz) sowie anderen Menschen (Universalismus) gegenüber. Offenheit für Veränderungen beinhaltet Neugier, die Suche nach neuen Herausforderungen sowie Selbstbestimmung im Sinne von Kreativität, Freiheit und eigenen Zielen. Bewahrung besteht aus gegenseitigem Respekt, aus der Einhaltung von Traditionen, aus der Konformität mit sozialen Erwartungen und Normen sowie aus der Sicherheit und Stabilität im persönlichen Umfeld und in der Gesellschaft als Ganzes. Selbsterhöhung findet wiederum statt, wenn Leistung, Ehrgeiz und Erfolgsstreben einerseits sowie Macht, Status und Prestige andererseits im Fokus stehen.

Die ersten vier Hoffnungsbereiche, sprich persönliche Gesundheit, eine glückliche Ehe, Familie oder Partnerschaft, Harmonie im Leben sowie gute und vertrauensvolle Beziehungen zu anderen Menschen stehen vor allem mit Selbsttranszendenz und Bewahrung in Verbindung.

Tab. 6.2 Korrelationskoeffizienten zwischen persönlichen Grundwerten und Hoffnungen (N = 3244)

Persönliche Hoffnungen	Selbst-transzen-denz	Offenheit für Ver-änderungen	Bewahrung	Selbst-erhöhung
Persönliche Gesundheit	0,198*	0,107*	**0,229***	0,041*
Glückliche Ehe, Familie, Partner-schaft	**0,235***	0,077*	0,189*	0,049*
Harmonie im Leben	**0,302***	0,121*	**0,284***	0,006
Gute und ver-trauensvolle Beziehungen	**0,397***	0,153*	**0,210***	0,027
Persönliche Unabhängig-keit und Selbst-bestimmung	0,161*	**0,342***	0,121*	0,090*
Sinnvolle und erfüllende Aufgabe	**0,297***	**0,212***	0,185*	0,089*
Ordnung in meinem Leben	0,197*	0,065*	**0,393***	0,136*
Mehr Spaß mit Freunden	**0,205***	0,177*	0,136*	0,089*
Sicherer Arbeitsplatz	0,141*	0,017	**0,252***	0,159*
Mehr Zeit zur Entspannung	0,187*	0,117*	0,195*	0,075*
Mehr Freizeit	0,116*	0,088*	0,084*	0,057*
Mehr Sicher-heit im persönlichen Umfeld	0,178*	0,040*	**0,381***	0,107*
Erfolg am Arbeitsplatz, in der Aus-bildung etc.	0,059*	0,116*	0,081*	**0,323***

(Fortsetzung)

Tab. 6.2 (Fortsetzung)

Persönliche Hoffnungen	Selbst-transzen-denz	Offenheit für Ver-änderungen	Bewahrung	Selbst-erhöhung
Anderen Menschen helfen können	**0,549***	0,112*	**0,294***	−0,030
Mehr Sex, romantische Erlebnisse	0,078*	0,105*	0,053*	0,158*
Mehr Geld	−0,018	0,081*	0,148*	**0,343***
Religiöse und spirituelle Erfahrungen	**0,203***	0,062*	0,164*	-0,001

*Zweiseitige Korrelation signifikant bei $p < {,}01$

Bei diesen Hoffnungen geht es vor allem um das eigene Wohlbefinden und das Wohl anderer Menschen sowie um gegenseitigen Respekt und stabile Verhältnisse. Der Wunsch nach persönlicher Unabhängigkeit und Selbstbestimmung geht mit Offenheit für Veränderungen, d. h. mit Neugier, Freiheit und Kreativität einher. Es handelt sich vornehmlich um eine Freiheit für das Schaffen von etwas Neuem.

Die Vorstellung einer sinnvollen und erfüllenden Aufgabe steht vor allem mit Selbsttranszendenz, aber auch mit Offenheit für Neues in einem positiven Verhältnis. Die Suche nach Ordnung im Leben hat vornehmlich mit Stabilität, Sicherheit und Tradition zu tun, aber auch in geringerem Maße mit dem Wohl nahestehender Personen. Die Wünsche nach mehr Spaß mit Freunden, mehr Freizeit und mehr Sex weisen höhere Korrelationswerte mit Hedonismus auf, d. h. mit der Suche nach Lust und Unterhaltung (nicht in der Tabelle gezeigt). Das Streben nach Erfolg und nach mehr Geld ist mit Selbsterhöhung, d. h. mit Leistung und Macht verbunden. Dagegen stehen die Suche nach religiösen und spirituellen Erfahrungen sowie besonders das Verlangen, anderen Menschen helfen

zu wollen, mit Selbsttranszendenz, aber auch mit dem
Respekt vor gesellschaftlichen Werten und Traditionen in
Bezug.

Zusammengefasst kann festgehalten werden, dass die
bedeutsamsten Hoffnungen der Menschen mit den Werten der Selbsttranszendenz, d. h. mit Verständnis, Wertschätzung, Toleranz und Wohlergehen anderer Menschen,
im Verhältnis stehen, zum Teil aber auch mit dem Wunsch
nach Stabilität und Tradition sowie gleichzeitig auch mit
Offenheit für Veränderungen. Die bedeutsamsten persönlichen Hoffnungen stehen kaum bis gar nicht mit dem
Streben nach Selbsterhöhung, d. h. mit Leistung, Erfolg
und Macht in Bezug, was aber nicht bedeuten soll, dass
diese irrelevant wären. Letztendlich wird ein harmonisches und erfülltes Leben von einem ausgewogenen
Verhältnis der vier Grundwerte und der zehn Wertekategorien gekennzeichnet sein. Diese These werden wir in den
kommenden Kapiteln noch näher beleuchten und unter-
mauern.

Eine besondere Stellung haben die Hoffnungen nach
religiösen und spirituellen Erfahrungen sowie das Bedürfnis, anderen Menschen helfen zu wollen. Diese stehen
für eine Mehrheit nicht im Vordergrund, korrelieren aber
mittelstark bis stark mit Selbsttranszendenz, dem Wert,
der wiederum am stärksten mit Hoffnung korreliert. Mit
diesen Phänomenen werden wir uns in Kap. 11 besonders
beschäftigen.

7

Innere Kraft und Aktivitäten der Hoffnung

Zusammenfassung

Hoffnung enthält eine innere Kraft, die den Menschen bewegt, etwas zu unternehmen, um seine Ziele und Träume zu verwirklichen. Während Traditionen und Werte wie Stabilität und Ordnung zu den Wurzeln der Hoffnung gehören können, stecken Werte wie Fürsorge, Hilfsbereitschaft, Harmonie, Friede und Offenheit für neue Erfahrungen den Horizont der Hoffnung ab. Um persönliche Hoffnungen zu erfüllen, wird vor allem nachgedacht und analysiert, Verantwortung übernommen sowie Freunde und Familienangehörige einbezogen. Eine Minderheit vertraut auf Gott, betet, meditiert oder besucht eine Kirche. Bemerkenswert sind allerdings die Zusammenhänge dieser Aktivitäten mit dem allgemeinen Hoffnungsempfinden. Als erstes stehen die Familie und die Freunde sowie die eigene Verantwortung und das persönliche Engagement mit Hoffnung in Verbindung. Als zweites weisen das Vertrauen auf Gott sowie das Beten und Meditieren einen signifikanten Bezug zur Hoffnung auf. Kognitive Aktivitäten wie denken, analysieren und sich informieren hängen am geringsten mit Hoffnung zusammen.

© Springer-Verlag GmbH Deutschland, ein Teil von Springer
Nature 2019
A. M. Krafft, *Werte der Hoffnung*,
https://doi.org/10.1007/978-3-662-59194-9_7

7.1 Wurzeln und Horizonte der Hoffnung

Weltanschauungen, Werte und Ideale äußern sich als eine treibende Kraft im Menschen und dienen der Bewältigung des Alltags und der Gestaltung der Zukunft. Man steht jeden Morgen auf, entweder mit der etwas trübsinnigen Annahme, man müsse sich an diesem Tag wieder aufopfern, um für ein gutes Dasein Geld zu verdienen, oder mit der aufmunternden Überzeugung, dass der neue Tag viele spannenden Erlebnisse und Möglichkeiten bereit hält, von denen man lernen und an denen man persönlich wachsen kann. Wenn über die Zukunft nachgedacht wird, so fragt man sich, was uns erwartet und was wir heute tun können, um ein besseres Leben und eine bessere Welt zu gestalten. Bloch (1959) bezeichnet die in der Hoffnung enthaltenen Gaben der Fantasie, der Träume und Visionen, die das Streben und Handeln der Menschen lenken, das antizipierende Bewusstsein.

Uns ist klar, dass das Leben nicht immer (und für manche vielleicht sogar selten) von Freude, Harmonie und Glück erfüllt ist. Das Belastende der Welt kann aber nicht nur etwas Negatives sein, sondern gleichzeitig die Quelle einer positiven Kraft voller Chancen und Hoffnungen. Aus den negativen Erfahrungen im Leben erwachsen der Wunsch und der Grundtrieb, den gegenwärtigen Zustand zu überwinden und eine bessere Zukunft zu gestalten. Dies ist die Ausgangslage für das universelle Prinzip der menschlichen Hoffnung. Gedanken der Hoffnung sind diesbezüglich machtvolle Kräfte. Der Mensch besitzt die Eigenschaft des Vorausdenkens, des Vorausträumens und des schöpferischen Gestaltens. Solang die Menschen zufrieden sind und sich im eigenen Wohlstand ausruhen, sind keine großen Veränderungen zu erwarten. Sobald aber die Zustände unangenehm und bedrohlich werden, strebt der Mensch nach einer schöneren und besseren Zukunft. Dafür sind ein Sinn für die momentane Realität, klare Prioritäten sowie eine Vorstellung der Möglichkeiten, die die Zukunft bereithält, notwendig. Durch sein persönliches Engagement ist der Mensch in der Lage, diese Möglichkeiten zu ergreifen und zu verwirklichen.

Durch die Werte der Selbsttranszendenz (der Fürsorge und der Verantwortung für andere, der gegenseitigen Hilfsbereitschaft, des Verständnisses und der Wertschätzung) sowie der Offenheit für Veränderungen (des Selbstbewusstseins, der Entscheidungs- und Schöpfungskraft und der Kreativität) wird der breite Horizont der Hoffnung abgesteckt. Nach diesem Horizont streben die persönlichen Träume und Ideale. In den Traditionen, im Respekt und in der Akzeptanz kultureller und familiärer Werte und Normen, in der Stabilität und Ordnung können starke Wurzeln der Hoffnung in einem fruchtbaren Boden verankert sein. Die Wurzeln geben uns den Halt, und der Horizont zeigt uns das Ziel, nach dem wir streben sollen. Das Leben ist wie ein Baum mit starken Wurzeln und vielen Ästen. Die Wurzeln stellen die Vergangenheit dar, die dem Baum Halt und Nahrung geben. Jeder Ast bedeutet eine Möglichkeit, die von den Menschen verwirklicht werden kann. Verschiedene Menschen werden unterschiedliche Möglichkeiten wahrnehmen und in die Tat umsetzen. In diesem Sinne mag Selbsterhöhung weniger durch Macht und Habgier als durch Selbstüberwindung, Demut und Offenheit erlangt werden.

Verhängnisvoll wird es, wenn die gewohnten Weltbilder, Einstellungen, Umgangsformen und Traditionen, die uns ein besseres Verständnis erleichtern und Sicherheit erzeugen, zur Durchschnittlichkeit und Antriebslosigkeit verkommen. Man nimmt gewisse Dinge als gegeben an und macht sich darüber keine weiteren Gedanken mehr. Die Gewohnheiten des Alltags, sowohl die guten als auch die schlechten, verkommen zu einer unreflektierten Selbstverständlichkeit. Dies kann auch in Bezug auf unser Selbstverständnis, auf das Verständnis, welches wir über uns selbst haben, geschehen.

Ob wir Menschen sowie die Menschheit als Ganzes einen Fortschritt, nicht nur im materiellen und technischen, sondern vor allem in einem allgemeinen gesellschaftlichen und geistigen Sinne vollziehen können, hängt von den Werten, Idealen und Hoffnungen eines jeden Einzelnen ab. In der Verknüpfung der Ideale des Friedens, der Harmonie, der Liebe und des Wohlergehens mit den persönlichen Hoffnungen auf Gesundheit, Familienglück, Schöpfungskraft und Sinnerfüllung gewinnt das Leben eine eigene Kraft. Dann braucht es nur noch den Willen und den Mut für deren Verwirklichung. Dies heißt allerdings auch, dass, solange Menschen sich Ziele ohne eine tiefere Bedeutung setzen, sei es aus Gewohnheit, sei es, weil alle anderen es so tun oder weil ihnen diese Ziele von außen auferlegt werden, dem Leben diese innere Kraft fehlt. Erst wenn das Erlebte und somit das Leben bedeutsam erscheinen, einen Sinn ergeben und mit Bildern einer wünschenswerten Zukunft verknüpft werden, wird die Kraft der Hoffnung lebendig und der Mensch wird zur Tat bewegt.

7.2 Praktisches Handeln im Alltag

Persönliche Ideale bestimmen laut Dilthey das praktische Handeln im Alltag. Die Einschätzung und Beurteilung dessen, was um uns herum und auf der Welt passiert, hat bestimmte Überzeugungen zur Folge, die als Orientierungshilfe für die tägliche Praxis dienen und gewisse Handlungsmuster auslösen. Mit der Definition eines Ideals wird in der Regel auch der persönliche Wille mobilisiert. Im Allgemeinen handelt es sich um den Willen, sich weiterzuentwickeln, im Leben etwas zu erreichen oder zu gestalten, eine bestimmte private oder gesellschaftliche Situation in Hinblick auf die persönlichen Werte, auf das, was dem Einzelnen wichtig und gut erscheint, zu verbessern.

Weltanschauungen bilden laut Dilthey eine Einheit von Fühlen, Denken und Handeln. Die Welt, in der sich der Mensch bewegt, ist ein enormes Handlungsfeld. Es gehört zum Menschsein, in einer sinnvollen Weise zu handeln und die Welt nach den eigenen Wünschen, Bedürfnissen und Zielen zu gestalten. Weltanschauungen sind somit nicht nur Beschreibungen und Bewertungen der Welt so wie sie jetzt ist, sondern auch die Auffassungen über die Möglichkeiten, die dem Menschen zur Verfügung stehen, diese Welt und die Zukunft zu gestalten. Jede Weltanschauung beinhaltet gewisse Imperative, d. h. Vorstellungen, die uns sagen, was wir tun und wie wir uns verhalten sollen.

Aufgrund ihrer Weltanschauungen beziehen Menschen einen bestimmten Standpunkt, eine bestimmte Stellung im Leben. Sie sehen sich selbst beispielsweise als Gestalter und Schöpfer ihres eigenen Lebenslaufes oder andererseits als Leidtragende oder Opfer der nicht in ihrer Macht liegenden Lebensumstände, des Schicksals, der Vorsehung, des Zufalls etc. Daraus ergibt sich die Art und Weise, wie wir in der Welt leben, welcher Auffassung wir sind, bezüglich unserer Möglichkeit und Fähigkeit, etwas in dieser Welt zu bewegen, zu verändern und zu gestalten. Weltanschauung und Lebenshaltung sind immer schon praktische Lebensgestaltung, d. h. ein praktischer Umgang mit der Welt. Erlebt man beispielsweise etwas als ungerecht, so kann man sich ohnmächtig dem gegenüber fühlen oder empört dagegen ankämpfen. Wie das Leben in Zukunft aussehen wird, hängt zweifelsohne von uns selbst, von jedem einzelnen Menschen ab.

Tatkräftige Handlungen und außerordentliche Leistungen können für Dilthey am besten aus einem inneren Stand der Ruhe hervortreten. Es braucht einen Zustand des Gleichgewichts und der Harmonie, aus dem her die Aktivitäten und Leistungen entstehen. In diesem inneren Ruhestand entfalten sich die Träume, die kreativen Ideen, die spielerische Energie. Wie man so schön sagt: In der Ruhe liegt die Kraft.

7.3   Aktivitäten zur Erfüllung persönlicher Hoffnungen

In Kap. 6 wurden die großen Hoffnungen und die wichtigsten Werte der Menschen vorgestellt und untersucht. Hier werden wir uns mit den Aktivitäten beschäftigen, die die Menschen unternehmen, um ihre eigenen Hoffnungen zu erfüllen. Die Frage im Hoffnungsbarometer lautet „Was tun Sie selbst, damit sich Ihre Hoffnungen erfüllen?" Zur Bewertung liegen 13 Aktivitäten vor, welche die Teilnehmenden auf einer Vier-Punkte-Skala von „0=überhaupt nicht" bis „3=sehr häufig" bewerten können. Diese Aktivitäten sind vier Dimensionen zugeordnet:

1. der kognitiv-rationalen Dimension (z. B. „Ich denke nach und analysiere Zusammenhänge");
2. der motivationalen Dimension (z. B. „Ich übernehme Verantwortung und engagiere mich");
3. der sozio-emotionalen Dimension (z. B. „Ich motiviere meine Freunde") und
4. der spirituell-religiösen Dimension (z. B. „Ich bete, meditiere").

In Abb. 7.1 werden die Aktivitäten zur Erfüllung der persönlichen Hoffnungen in abnehmender Reihenfolge aufgelistet.

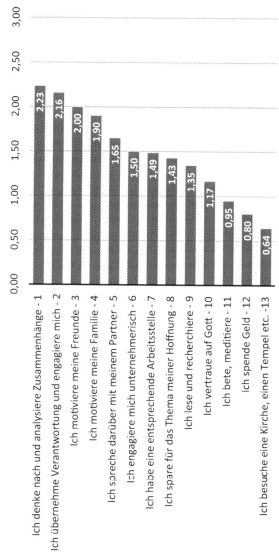

Aktivitäten zur Erfüllung von Hoffnung
(Mittelwerte)

Aktivität	Mittelwert
Ich denke nach und analysiere Zusammenhänge - 1	2,23
Ich übernehme Verantwortung und engagiere mich - 2	2,16
Ich motiviere meine Freunde - 3	2,00
Ich motiviere meine Familie - 4	1,90
Ich spreche darüber mit meinem Partner - 5	1,65
Ich engagiere mich unternehmerisch - 6	1,50
Ich habe eine entsprechende Arbeitsstelle - 7	1,49
Ich spare für das Thema meiner Hoffnung - 8	1,43
Ich lese und recherchiere - 9	1,35
Ich vertraue auf Gott - 10	1,17
Ich bete, meditiere - 11	0,95
Ich spende Geld - 12	0,80
Ich besuche eine Kirche, einen Tempel etc. - 13	0,64

Abb. 7.1 Aktivitäten zur Erfüllung von Hoffnung (N = 3244)

Von den fünf über den Skalendurchschnitt von 1,5 bewerteten Aktivitäten kommt an erster Stelle die kognitive Handlung des Nachdenkens und des Analysierens von Zusammenhängen. Die zweite Aktivität gehört zur motivationalen Dimension (Ich übernehme Verantwortung und engagiere mich). Die drei weiteren Aktionen beziehen sich auf die sozio-emotionale Dimension (Freunde, Familie, Partner einbeziehen). Auffallend selten bzw. nur von einer Minderheit werden die spirituell-religiösen Aktivitäten wie „Ich vertraue auf Gott", „Ich bete, meditiere" und „Ich besuche eine Kirche …" unternommen.

Auch wenn sich an der Reihenfolge der Aktivitäten zwischen Geschlechtern kaum etwas ändert, gibt es doch leichte Unterschiede zwischen Männern und Frauen. Wie oftmals vermutet, neigen Männer stärker zu kognitiven Aktivitäten (sich informieren, darüber nachdenken etc.), während Frauen etwas häufiger die sozio-emotionalen und spirituell-religiösen Maßnahmen ergreifen (Freunde, Familie, Kirche etc.). Über die letzten Jahre hinweg blieben die Reihenfolge sowie die Ausprägung der Aktivitäten nahezu konstant.

Diese Ergebnisse berichten davon, dass die Menschen bei der Erfüllung ihrer Hoffnungen und Wünsche vor allem auf sich selbst sowie auf ihre nächsten Bezugspersonen vertrauen. Für die Erreichung der eigenen Ziele und Träume fühlt man sich zuallererst selbst verantwortlich. Man denkt nach, informiert sich, überlegt, was man tun kann, übernimmt dafür Verantwortung und bezieht dann andere Menschen mit ein. Da die wichtigsten Hoffnungen der meisten Menschen die persönliche Gesundheit, eine glückliche Familie, Harmonie im Leben sowie gute soziale Beziehungen sind (siehe Abb. 6.5), spielen die nahestehenden Familienangehörigen und Freunde bei deren Erfüllung naturgemäß eine wesentliche Rolle.

Die spirituell-religiösen Aktivitäten werden von einer Minderheit der Menschen und insbesondere mit zunehmendem Alter in Betracht gezogen. Knapp unter 40 % der Menschen vertrauen auf Gott, ein Viertel der Bevölkerung betet oder meditiert regelmäßig und ca. 15 % gehen in die Kirche oder einen Tempel. Die sonderbare Stellung und Bedeutung des religiösen und spirituellen Glaubens in Bezug auf Hoffnung werden in Kap. 8 noch näher erläutert, zumal in einigen Weltreligionen, besonders im Christentum, Hoffnung eine prominente theologische Tugend darstellt.

Wenn die genannten Aktivitäten mit dem Zweck der Erfüllung persönlicher Hoffnungen unternommen werden, stellt sich nun die Frage, inwieweit diese mit dem allgemeinen Hoffnungsempfinden zusammenhängen. Die Antwort auf diese Frage findet sich in Tab. 7.1.

Das erste, was in Tab. 7.1 auffällt, ist, dass alle Aktivitäten signifikant mit einem höheren Hoffnungsempfinden in Verbindung stehen. Egal was man unternimmt, alles

Tab. 7.1 Korrelationskoeffizienten zwischen den Aktivitäten zur Erfüllung von Hoffnung und dem allgemeinen Hoffnungsempfinden (N = 3244)

	Hoffnung
1. Ich motiviere meine Familie	0,352*
2. Ich übernehme Verantwortung und engagiere mich	0,336*
3. Ich motiviere meine Freunde	0,291*
4. Ich spreche darüber mit meinem (Ehe-)Partner	0,288*
5. Ich vertraue auf Gott	0,243*
6. Ich spende Geld für das Thema meiner Hoffnung	0,241*
7. Ich bete, meditiere	0,217*
8. Ich engagiere mich unternehmerisch	0,216*
9. Ich besuche eine Kirche, einen Tempel etc.	0,214*
10. Ich habe eine entsprechende Arbeitsstelle	0,209*
11. Ich spare für das Thema meiner Hoffnung	0,194*
12. Ich lese und recherchiere zum Thema meiner Hoffnung	0,169*
13. Ich denke nach und analysiere Zusammenhänge	0,132*

Zweiseitige Korrelation signifikant bei *p < ,01

kann dazu beitragen, das allgemeine Hoffnungsempfinden zu stärken. Wichtig ist bloß, man engagiert sich und tut etwas. Darüber hinaus kann festgestellt werden, dass die sozialen Aktivitäten, die mit der Familie, den Freunden oder dem Partner unternommen werden, zusammen mit dem persönlichen Engagement und der Selbstverantwortung an oberster Stelle der Tabelle stehen.

Bemerkenswerterweise rücken die spirituell-religiösen Handlungen (auf Gott vertrauen, beten, meditieren und eine Kirche besuchen) in das mittlere Feld der Tabelle hoch. Diese stehen enger mit Hoffnung in Verbindung als die kognitiven Aktivitäten (lesen, recherchieren, denken und analysieren), welche sich am Ende der Tabelle befinden. In Bezug auf die Präferenzen der meisten Menschen findet in diesen Bereichen eine Umkehrung der Gewichtung statt: Die zumeist gering eingeschätzten spirituell-religiösen Aktivitäten, vor allem der Glaube an Gott, gewinnen sichtlich an Bedeutung, während die hoch bewerteten logisch-rationalen Aktivitäten deutlich an Wirkung verlieren. Diesem Phänomen werden wir in Kap. 8 noch näher auf den Grund gehen.

7.4   Aktivitäten, Werte und Ideale der Hoffnung

In den ersten Abschnitten dieses Kapitels wurde behauptet, Gefühle, Gedanken, Werte und Ideale würden eine innere Kraft entfalten und die Menschen zu bestimmten Handlungen anregen. Mittels Korrelationen können nun die Zusammenhänge zwischen den Aktivitäten zur Erfüllung persönlicher Hoffnungen und den Werten und Idealen der Menschen untersucht werden (Tab. 7.2).

Tab. 7.2 Korrelationskoeffizienten zwischen Aktivitäten zur Erfüllung von Hoffnungen und Werten (N = 3244)

Aktivitäten	Selbst-transzen-denz	Offenheit für Ver-änderungen	Bewahrung	Selbst-erhöhung
Ich denke nach und analysiere Zusammenhänge	0,157**	**0,322**	0,035*	0,128**
Ich übernehme Verantwortung und engagiere mich	**0,271**	**0,322**	0,094**	0,120**
Ich motiviere meine Freunde	**0,339**	**0,248**	0,148**	0,057**
Ich motiviere meine Familie	**0,332**	**0,207**	**0.202**	0,046**
Ich spreche darüber mit meinem Ehe-/Lebenspartner	0,158**	0,090**	0,060**	0,003
Ich engagiere mich unternehmerisch	0,074**	**0,241**	0,058**	**0,283**
Ich habe eine entsprechende Arbeitsstelle	0,067**	0,100**	0,020	0,154**
Ich spare für das Thema meiner Hoffnung	0,151**	0,146**	0,148**	0,147**
Ich lese und recherchiere zum Thema meiner Hoffnung	0,154**	0,178**	0,051**	0,083**

(Fortsetzung)

Tab. 7.2 (Fortsetzung)

Aktivitäten	Selbst-transzendenz	Offenheit für Veränderungen	Bewahrung	Selbsterhöhung
Ich vertraue auf Gott	0,214**	0,014	0,320**	0,080**
Ich bete, meditiere	0,219**	0,042*	0,239**	0,026
Ich spende Geld für das Thema meiner Hoffnung	0,276**	0,077**	0,098**	−0,014
Ich besuche eine Kirche, einen Tempel, einen Kraftort	0,211**	0,047**	0,202**	0,003

Zweiseitige Korrelation signifikant bei **$p < ,01$ und *$p < ,05$

Besonders relevant sind signifikante Korrelationskoeffizienten (mit ** oder * markiert) mit einem Wert größer als $r = 0,2$. Die Ergebnisse lassen ziemlich klare Zusammenhänge zwischen den Aktivitäten der Hoffnung und den universellen Grundwerten erkennen. Der Wert der Selbsttranszendenz, gekennzeichnet durch Toleranz, Wertschätzung, Fürsorge und Hilfsbereitschaft anderen Menschen gegenüber, ist an erster Stelle mit den sozio-emotionalen Aktivitäten verbunden (Freunde und Familie motivieren), gleichzeitig auch mit Eigenverantwortung und Engagement sowie ebenfalls mit spirituell-religiösen Handlungen (beten, meditieren, auf Gott vertrauen und eine Kirche besuchen).

Wer den Wert Offenheit für Veränderungen durch Selbstbestimmung, Tatendrang, Kreativität und Abwechslung für wichtig hält, wird vor allem über seine Hoffnungen nachdenken (kognitiv), sich persönlich und unternehmerisch engagieren und Verantwortung übernehmen (motivational), aber auch Familie und Freunde einbeziehen (sozio-emotionalen). Offen sein für Veränderungen muss demnach keiner rein individualistischen Einstellung entsprechen, sondern kann auch dazu dienen, andere Menschen zu integrieren.

Bewahrung im Sinne von Tradition, Sicherheit und der Konformität mit sozialen Regeln und Normen geht vor allem mit den spirituell-religiösen Aktivitäten sowie mit der Familie als Hoffnungsanker einher. Die Hoffnung kann starke Wurzeln im gegenseitigen Respekt, in der Demut und in der Frömmigkeit haben. Dagegen steht Selbsterhöhung in Form von Erfolg, Leistung und Machtstreben mit unternehmerischem Engagement in Bezug. Soziale und spirituelle Aktivitäten spielen dabei offensichtlich kaum eine Rolle.

Zu weiteren aufhellenden Ergebnissen gelangt man, wenn die Aktivitäten zur Erfüllung von Hoffnungen mit den persönlichen Hoffnungen der Menschen aus Kap. 6 (Abb. 6.2) miteinander in Verbindung gesetzt werden. Schaut man sich diese Zusammenhänge näher an, kommen besondere Lebenshaltungen sowie Vorlieben und Grundmuster zum Ausdruck. Am deutlichsten sticht dabei das spirituell-religiöse Weltbild mit recht hohen Korrelationskoeffizienten hervor: Wer sich vermehrt religiöse und spirituelle Erfahrungen erhofft (ca. 20 % der befragten Personen), wird zur Erfüllung seiner Hoffnungen im Allgemeinen vor allem beten und meditieren ($r = 0{,}671$), in die Kirche oder in den Tempel gehen ($r = 0{,}591$) und auf Gott vertrauen ($r = 0{,}584$).

Weniger starke aber immer noch signifikante und markante Zusammenhänge können auch in anderen Bereichen festgestellt werden. Wer die Hoffnung auf eine glückliche Ehe, Familie oder Partnerschaft hegt, spricht im Allgemeinen mehr mit dem (Ehe-)Partner ($r = 0{,}344$) und motiviert die Familie ($r = 0{,}274$). Sobald die Hoffnungen nach guten und vertrauensvollen Beziehungen sowie nach mehr Spaß mit Freunden besonders ausgeprägt sind, wird man zur Erfüllung der eigenen Hoffnungen vermehrt gute Freunde einbeziehen ($r = 0{,}277$ und $r = 0{,}256$). Wem eine sinnvolle und erfüllende Aufgabe von Bedeutung ist, wird generell mehr Verantwortung übernehmen und sich engagieren ($r = 0{,}224$). Wenn wiederum der Erfolg wichtig ist, wird man sich unternehmerisch engagieren ($r = 0{,}255$) oder eine entsprechende Arbeitsstelle suchen ($r = 0{,}251$).

Besonders auffallend und interessant ist der Wunsch, anderen Menschen helfen zu wollen. Wer anderen Menschen helfen möchte, unternimmt zur Erfüllung seiner Hoffnungen mehrere Aktivitäten: Freunde motivieren ($r = 0{,}285$), Geld spenden ($r = 0{,}285$), beten oder meditieren ($r = 0{,}271$), auf Gott vertrauen ($r = 0{,}270$), die Familie motivieren ($r = 0{,}238$), eine Kirche besuchen ($r = 0{,}235$) und selbst Verantwortung übernehmen und sich engagieren ($r = 0{,}223$). Hilfsbereitschaft erweitert anscheinend das Bewusstsein und das Repertoire an möglichen Handlungsfeldern und Aktivitäten.

Alle anderen Zusammenhänge sind meistens nicht signifikant oder sehr gering. Was dies bedeutet, lässt sich am Beispiel vom Wunsch nach mehr Geld verdeutlichen. Das Streben nach mehr Geld korreliert gar nicht oder kaum ($r < 0{,}1$) mit den 13 Aktivitäten zur Erfüllung persönlicher Hoffnungen. Wer sich mehr Geld wünscht, engagiert sich nicht mehr als andere Personen, betet oder meditiert nicht intensiver als andere Menschen, spricht nicht öfters mit dem Ehe- oder Lebenspartner etc. Man könnte sagen, dass dem Wunsch nach mehr Geld keine besondere innere Kraft innewohnt und offenkundig keine speziellen Handlungen entsprechen. Dies soll allerdings nicht bedeuten, dass Personen, die sich mehr Geld wünschen, untätig seien oder sich nicht engagierten. Sie tun dies aber offenbar nicht öfters oder stärker als andere Personen, die diesen Wunsch nicht haben.

Die bisherigen Ergebnisse lassen erkennen, dass Menschen unterschiedliche Hoffnungen beherzigen und auch Verschiedenes unternehmen, um ihre Hoffnungen zu erfüllen. Gleichzeitig besteht eine Diskrepanz zwischen der Form, in welcher Hoffnung bisher von der Psychologie konzipiert wurde, und der Art und Weise wie Hoffnung von den Menschen erlebt wird. In Kap. 8 werden nun die Besonderheiten von drei verschiedenen Weltbildern, dem rational-materiellen, dem sozio-emotionalen und dem spirituell-religiösen vorgestellt und weitere wichtige Erkenntnisse und Schlussfolgerungen aus den Ergebnissen des Hoffnungsbarometers gezogen.

8

Weltbilder und die Trias von Gedanken, Gefühlen und Glauben

Zusammenfassung

Weltanschauungen können sich zu ganzheitlichen und konsistenten Weltbildern verdichten. Weltbilder enthalten bewusste oder unbewusste Urteile über bestimmte Menschen und Sachverhalte und dienen zur Interpretation und Deutung von Erlebnissen sowie zur Lebensgestaltung. Die drei wesentlichen psychischen Funktionen im Leben sind das Denken, das Fühlen und der Glaube. Alle drei sind eng miteinander verbunden, werden aber von einzelnen Menschen unterschiedlich bevorzugt. Die Betonung des menschlichen Denkvermögens in Form von Verstand und Vernunft bringt ein rational-materialistisches Weltbild hervor. Wenn Gefühle im Vordergrund stehen, kommt das sozio-emotionale Weltbild zum Ausdruck. Sobald der Glaube eine prominente Stellung im Leben einnimmt, entwickelt sich das spirituell-religiöse Weltbild. Eine zentrale Aufgabe des Menschen besteht in der Erlangung eines höheren Bewusstseins und der Integration der verschiedenen Weltbilder zu einer ganzheitlicheren und reicheren Betrachtung des Lebens und der Welt.

© Springer-Verlag GmbH Deutschland, ein Teil von Springer
Nature 2019
A. M. Krafft, *Werte der Hoffnung*,
https://doi.org/10.1007/978-3-662-59194-9_8

8.1 Weltanschauungen verdichten sich zu Weltbildern

Der Mensch ist vorerst in der Lage, jenes zu verstehen, was er direkt erlebt, nicht aber das Ganze der Welt und des Lebens. Gerade dort, wo man mit Unbekanntem und Fremdem konfrontiert wird, dort wo Unsicherheiten und Ungereimtheiten entstehen, verspürt der Mensch einen Drang, das bisher Unerklärliche zu erklären. Dort, wo das tägliche Verständnis auf Grenzen stößt, entwickeln sich höhere Formen des Verständnisses. Wir entwickeln Thesen und Theorien, die das Unbegreifliche für uns begreiflich machen. Je mehr Informationen wir über die Medien erhalten, desto stärker müssen wir uns auf unsere eigenen Interpretationen der Weltzusammenhänge verlassen.

Aus der Vielfalt der Lebensbezüge, Lebenserfahrungen und weltanschaulichen Gesamtvorstellungen einzelner Menschen entstehen in weiterer Folge verschiedene Weltbilder. Mittels seines Intellekts leitet der Mensch Begründungen und Theorien ab, warum die Dinge so sind wie sie sind. Er formt sich ein Bild über die Wirklichkeit so wie er sie erlebt und sich vorstellt. Er versucht die Welt zu verstehen, indem er sich Zusammenhänge überlegt, den Zuständen, anderen Menschen und auch sich selbst Eigenschaften zuschreibt und so eine Erklärung über die Beschaffenheit der Welt und des Lebens entwirft. In dieser Form entstehen umfassende Weltbilder in einzelnen gesellschaftlichen Bereichen wie der Wirtschaft, der Politik, der Kunst oder der Religion, die in einer bestimmten Epoche oder auch für spezifische soziale Gruppen charakteristisch sein können.

Weltbilder haben die Eigenschaft, dass sie aus Sicht des Individuums kohärent sein müssen und die Erfahrungen des Alltags konsistent erklären sollen. Es entstehen dann

Kategorien wie „die Cabriofahrer", „die Teetrinker", „die Veganer" oder „die Ausländer", die eine wertende Beurteilung gegenüber bestimmten sozialen Gruppen enthalten. Ein Großteil der Weltanschauungen und Weltbilder sind unbewusst. Die Menschen gehen davon aus, dass die Welt halt so ist, wie man sie sieht. Diese Bilder werden als natürlich und selbstverständlich angenommen und selten reflektiert oder infrage gestellt. Es wird allerdings immer wieder Situationen geben, die nicht so ganz in das Weltbild passen, die dann entweder ausgeblendet werden oder die den Menschen ansporn en, neue Erklärungen und Einsichten zu suchen.

Wie unterschiedlich die Weltbilder sein können, zeigt das folgende Beispiel: Es ist etwas ganz anderes, ob die Natur rein materiell-mechanisch oder als organisches Leben oder als eine Manifestation des Geistes bzw. als Schöpfung Gottes aufgefasst wird. Die Auswirkungen dieser unterschiedlichen Betrachtungsweisen sind enorm. Wenn beispielsweise in Brasilien der Urwald im Amazonas-Gebiet als Produktionsfaktor gesehen wird, dann entspricht dies einer Vorstellung der Natur als reine Materie und Ressource. Die Folge davon ist dessen Rodung und wirtschaftliche Nutzung. Wenn dagegen der Amazonas als Ökosystem betrachtet wird, kommt die Vorstellung eines organischen Zusammenhangs zum Ausdruck, was einen ganz anderen Umgang damit erfordert.

Das Gleiche gilt für die Idee des Menschen. Sieht man den Menschen als eine Summe körperlicher Funktionen, dann werden beispielsweise das Verständnis von Krankheit und die darauffolgenden Therapien ganz anders aussehen als wenn der Mensch als eine Einheit von Körper, Geist und Seele aufgefasst wird. Die Schlussfolgerung daraus ist, dass die Vorstellungen von der Welt, vom Menschen und vom Gesamtzusammenhang immer nur Gedanken und Glaubenssätze sind und dass diese Gedanken und

Glaubenssätze eben diese Welt und den Menschen formen und gestalten.

Im Laufe der Geschichte hat der Mensch sich selbst und die Welt sehr unterschiedlich wahrgenommen und vielfältige Ideen darüber entwickelt: Die Welt und nicht zuletzt auch der Mensch können in Anlehnung an Dilthey und Jaspers in rational-materieller, in sozio-emotionaler oder auch in spirituell-religiöser Weise betrachtet werden.

8.2 Die Trias Gedanken, Gefühle und Glaube

Führt man die Weltanschauungslehren Diltheys und Jaspers' zusammen, so stechen drei wesentliche psychische Funktionen im Leben hervor: das Denken, das Fühlen und der Glaube. Diese drei Funktionen sind nahezu untrennbar miteinander verbunden, werden aber von den Menschen unterschiedlich und manchmal auch einseitig betont.

Mit seiner Philosophie des Verstands, der Vernunft und der Urteilskraft hat schon Immanuel Kant die Bedeutung von Gedanken und Ideen für die Erkenntnis, Gestaltung und Entwicklung des Menschen und der Welt hervorgehoben. Man macht sich sozusagen über das Leben und die Welt Gedanken, und diese Gedanken haben zwei Funktionen: Sie machen jenes, was gefühlsmäßig erlebt wird, erstmals bewusst. So entsteht ein Bewusstsein über die Welt. Man erlebt die Welt und das Leben nicht nur intuitiv, sondern wird sich ihrer gewahr.

Die Gedanken beeinflussen die Gesichtspunkte von denen aus die Wirklichkeit gesehen und interpretiert wird. Gedanken sind aber nicht lediglich ein Abbild der Dinge um uns herum. Für viele Gedanken und Ideen gibt

es kein materielles Ding oder objektives Kriterium für
deren Richtigkeit oder Unrichtigkeit. Denken wir nur an
die Vorstellung von Freiheit, Gerechtigkeit, Seele, Geist,
Gott oder Jenseits sowie an die Erfindung von Dingen, die
es bisher noch nicht gegeben hat. In solchen Fällen sind
Gedanken unmittelbar mit dem Glauben an deren Existenz, Sinn oder Bedeutung geknüpft.

Dank seines Denkvermögens kann der Mensch sich
Dinge und Phänomene vorstellen, die weit über den eigenen Wahrnehmungs- und Erfahrungshorizont reichen, die
aber nicht als reine Fantasien oder Hirngespinste abgetan
werden können. Wagemutige Menschen haben vom
Fliegen geträumt, sie haben mit Freude und Enthusiasmus an ihre Träume geglaubt und Flugzeuge erfunden.
Andere wollten einen Berggipfel erklimmen, haben sich
dies von ganzem Herzen gewünscht und konnten nicht
vorher aufhören, bis sie es geschafft hatten. Psychologisch
gesehen sind Gefühle, Gedanken und der Glaube, sei es
an sich selbst, an andere Menschen oder an eine unsicht-
bare Macht, wirkungsvolle Kräfte im Menschen, die nicht
gegenständlich sind, aber das Leben, die Zukunftsbilder
und somit die Hoffnungen der Menschen erheblich prägen.

Gefühle, Gedanken und Glauben gestalten das
Leben, weil sie eine Wirkung haben, sei es in Bezug auf
die materielle Welt, auf die Qualität von menschlichen
Beziehungen oder auf gewisse Vorlieben und Ideale. Sie
entfalten eine Kraft, die sich in den praktischen Handlungen äußert. Sie verwirklichen sich in der Tat, im Verhalten und definieren durch ihre Wirkung auch die
Persönlichkeit, den Charakter und die Identität des
Menschen maßgeblich. Wer wir im Alltag sind, wie und
worauf wir hoffen und was wir tun, ist zu einem erheb-
lichen Maße ein Ergebnis unserer Gedanken, Gefühle und
Glaubenssätze.

Laut Dilthey ist die erste wichtige Aufgabe des menschlichen Denkvermögens die Erweiterung des Bewusstseins über sich selbst, über das Leben und die Welt. Eine erste zentrale Lebensaufgabe besteht in der Erlangung eines höheren Bewusstseins, zu dem nicht nur die materielle, sondern eben auch die emotionale und die spirituell-geistige Dimension des Lebens gehören.

9

Hoffnung im rational-materialistischen Weltbild

Zusammenfassung

Beim rational-materialistischen Weltbild stehen die Erkenntnis durch die Sinnesorgane sowie der Verstand, die Vernunft und die aktive Gestaltung der Welt im Vordergrund. Diesem Weltbild entspricht die Auffassung von Hoffnung als kognitive Funktion. Der Mensch setzt sich Ziele und verfolgt diese mit seiner Willenskraft und seinen Fähigkeiten und Kompetenzen. Positive Erwartungen an die Zielerreichung gehen mit Selbstwirksamkeit, Leistungs- und Erfolgsorientierung sowie Durchsetzungskraft einher. Daher korreliert die kognitive Hoffnung stärker mit Kontrolle, Selbstbestimmung und Selbstwert, wogegen sich die allgemeine Hoffnung fester auf Annahmen über die Güte der Welt und der Menschen sowie auf Werte wie Fürsorge, Religiosität und Hilfsbereitschaft bezieht. Eine egozentrische Haltung begünstigt den Individualismus sowie das Denken in Entweder-Oder-Kategorien und vernachlässigt die sozialen, emotionalen und spirituellen Aspekte im Leben.

© Springer-Verlag GmbH Deutschland, ein Teil von Springer Nature 2019
A. M. Krafft, *Werte der Hoffnung*,
https://doi.org/10.1007/978-3-662-59194-9_9

9.1 Die Welt erkennen und gestalten

Das rational-materialistische Weltbild legt den Schwerpunkt auf die Erkenntnis der Welt durch die Sinnesorgane und auf die materiellen Aspekte des Lebens. Man beschreibt die Welt in exakten, berechenbaren und damit beherrschbaren quantitativen Größen und Gesetzmäßigkeiten. Die Realität wird insofern erkannt, als diese gemessen und gestaltet werden kann. Die Welt und damit auch das Leben werden als eine komplexe Realität betrachtet, die es zu strukturieren und zu kontrollieren gilt. Technologische Errungenschaften dienen zur besseren Planung, Gestaltung und Organisation des Lebens.

Zu diesem Weltbild gehört eine, wie Jaspers (1919) sie beschreibt, aktive und gestalterische Grundeinstellung. Bei dieser aktiven Einstellung stehen das tatkräftige Wirken und die ergebnisorientierte Leistung im Vordergrund. Im Wesentlichen soll dadurch die Welt gestaltet, verändert und verbessert werden. Der Mensch erschafft sich somit seine eigene Welt, er verwirklicht seine Träume, erzeugt Güter und hinterlässt womöglich einen bleibenden Wert (ein Kunstwerk, ein Buch, ein Unternehmen, ein Vermögen etc.) für die Nachwelt. Eine aktive Grundeinstellung ist mit etwas Greifbarem, mit einer Sache, mit der Gestaltung der materiellen Welt verbunden. Der Mensch denkt sachlich und rational, definiert konkrete Ziele, wählt zwischen verschiedenen Möglichkeiten den besten Weg aus und vertraut auf seine Stärken und Fähigkeiten. Entscheidend sind Entschlusskraft, ein starker Wille sowie Umsetzungskompetenz.

9.2 Kognitive Hoffnung

Dem rational-materialistischen Weltbild entspricht ein kognitives Verständnis von Hoffnung. Für Stotland (1969) gründet Hoffnung auf der Erwartung im Zusammenhang mit der Erreichung persönlich relevanter Ziele. Im Vordergrund dieser Hoffnung steht die wahrgenommene Selbstwirksamkeit, d. h. die eigene Einschätzung darüber, ob man in der Lage ist, persönliche Ziele zu erreichen. Je höher die wahrgenommene Selbstkompetenz und die subjektive Wahrscheinlichkeit der Zielerfüllung, desto größer ist die kognitive Hoffnung.

Snyder (1994, 1995) konzeptualisiert Hoffnung dementsprechend als mentale Willenskraft („willpower") und Wegstärke („waypower"). Menschen nehmen sich persönliche Ziele vor und engagieren sich, um diese zu erreichen. Hoffnung ist demnach das Ergebnis eines starken Willens sowie der Umsetzungs- und Durchsetzungskraft, welche besonders notwendig ist, wenn Hindernisse und Rückschläge auftreten. In diesem Sinne übernehmen hoffnungsvolle Menschen Verantwortung für ihr Leben und gehen ihre Ziele und die Lösung von Problemen aktiv an.

Diese Dimension von Hoffnung ist mit Leistungs- und Ergebnisorientierung sowie mit Wettbewerbs- und Erfolgsdenken verbunden. Hoffnungsvolle Menschen setzen sich anspruchsvollere Ziele und entfalten eine große Ausdauer, um diese zu verwirklichen. Sie haben ein ausgeprägtes Selbstvertrauen, eine starke Motivation und Bestimmtheit, glauben an ihre eigenen Fähigkeiten und Kompetenzen, sind ehrgeizig und zielstrebig, gleichzeitig aber auch flexibel und erfindungsreich.

Welche Grundannahmen und Wertvorstellungen über die Welt und sich selbst der rationalistisch-kognitiven Hoffnung zugrunde liegen, wurde im Rahmen des Hoffnungsbarometers mit der Hoffnungsskala zur Messung von Willenskraft (vier Items) und Wegstärke (vier Items) ermittelt (Snyder et al. 1991). In Abb. 9.1 werden die Bewertungen von vier exemplarischen Aussagen zur Beschreibung von Willenskraft und Wegstärke berichtet.

Zwischen 60 % und zwei Drittel der Bevölkerung verfolgen ihre Ziele mit großer Bestimmtheit, sind in der Lage, ihre Ziele zu erreichen (Willenskraft) und finden Möglichkeiten und Lösungen, um das zu bekommen, was ihnen wirklich wichtig ist (Wegstärke).

Die mit dieser Skala berechneten Hoffnungswerte wurden mit den Grundannahmen von Janoff-Bulman (1992) und den universellen Werten von Schwartz et al. (2012) korreliert und mit den Ergebnissen der Skala zur Messung der wahrgenommenen Hoffnung (Krafft et al. 2017) verglichen (Tab. 9.1 und Tab. 9.2).

Die signifikanten Unterschiede zwischen den beiden Ansätzen von Hoffnung sind bezeichnend: Kognitive Hoffnung korreliert in geringerem Maße als wahrgenommene Hoffnung mit den Annahmen über die Güte der Welt und der Menschen sowie mit Glück im Leben (Tab. 9.1). Dagegen sind die Korrelationswerte bei kognitiver Hoffnung signifikant höher in den Bereichen Kontrollierbarkeit, Selbstwert und Selbstkontrolle. Die kognitive Dimension von Hoffnung ist in der Tat individualistischer und selbstbezogener als das breitere Verständnis von wahrgenommener Hoffnung, welche stärker mit den sozialen und emotionalen Bezügen einer als gut und freundlich wahrgenommenen Welt verbunden ist.

Im nächsten Schritt werden in Tab. 9.2 die Zusammenhänge der beiden Perspektiven von Hoffnung mit den universellen Werten von Schwartz präsentiert. Der Grundwert Selbsttranszendenz wurde durch die Dimensionen Religiosität (Plante und Boccaccini 1997) und Altruismus

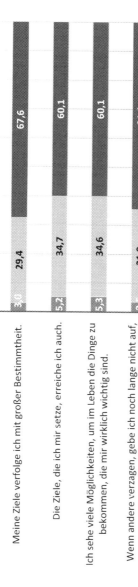

Abb. 9.1   Willenskraft und Wegstärke (N = 4146)

Tab. 9.1 Korrelationskoeffizienten von Grundannahmen über sich und die Welt in Bezug auf kognitive und wahrgenommene Hoffnung (N = 4146)

	Kognitive Hoffnung	Wahrgenommene Hoffnung	Differenz
Annahmen über die Welt			
Güte der Welt	0,384*	**0,487***	sig.
Güte der Menschen	0,274*	**0,414***	sig.
Sinnhaftigkeit der Welt			
Gerechtigkeit	0,268*	0,299*	n. s.
Kontrollierbarkeit	**0,315***	0,260*	sig.
Zufall	−0,125*	−0,148*	n. s.
Selbstbild			
Selbstwert	**0,529***	0,437*	sig.
Selbstkontrolle	**0,257***	0,177*	sig.
Glück	0,507*	**0,554***	sig.

Zweiseitige Korrelation signifikant bei * $p < ,01$; sig. = signifikante Unterschiede zwischen Korrelationswerten; n. s. = nicht signifikante Unterschiede zwischen Korrelationswerten

(i. S. v. Hilfsbereitschaft, Nickel 1998) erweitert, auf die wir in den kommenden Kapiteln noch näher eingehen werden.

Auch hier sind die Differenzen zwischen den beiden Perspektiven von Hoffnung offensichtlich. Während bei der kognitiven Hoffnung die Werte der Stimulation, Selbstbestimmung und Leistung besonders ausgeprägt sind, verzeichnet die wahrgenommene Hoffnung einen stärkeren Bezug zu Universalismus, Religiosität und Altruismus.

Ähnliche Ergebnisse lassen sich ermitteln, wenn kognitive und wahrgenommene Hoffnung mit den persönlichen Hoffnungen aus Kap. 6 (Abb. 6.5) und den Aktivitäten zur Erfüllung von Hoffnungen aus Kap. 7 (Abb. 7.1) zueinander in Bezug gebracht werden. Kognitive Hoffnung ist durch persönliche Unabhängigkeit

Tab. 9.2 Korrelationskoeffizienten von universellen Werten in Bezug auf kognitive und wahrgenommene Hoffnung (N = 3244)

	Kognitive Hoffnung	Wahrgenommene Hoffnung	Differenz
Selbsttranszendenz			
Güte	0,212*	0,234*	n. s.
Universalismus	0,188*	**0,265***	sig.
Religiosität	0,090*	**0,219***	sig.
Altruismus	0,179*	**0,253***	sig.
Offenheit für Veränderungen			
Stimulation	**0,340***	0,249*	sig.
Selbstbestimmung	**0,410***	0,226*	sig.
Bewahrung			
Tradition	0,126*	0,148*	n. s.
Konformität	0,008	0,093*	sig.
Sicherheit	0,138*	0,142*	n. s.
Selbsterhöhung			
Leistung	**0,231***	0,118*	sig.
Macht	0,090*	0,026	sig.

Zweiseitige Korrelation signifikant bei * $p < ,01$; sig. = signifikante Unterschiede zwischen Korrelationswerten; n. s. = nicht signifikante Unterschiede zwischen Korrelationswerten

und Selbstbestimmung sowie durch Aktivitäten wie analysieren, nachdenken, Verantwortung übernehmen und sich engagieren gekennzeichnet. Dagegen werden im Verhältnis dazu bei der wahrgenommenen Hoffnung die altruistischen, sozialen und spirituell-religiösen Zwecke und Aktivitäten stärker betont.

Vielleicht wäre es aus praktischen Gründen angebracht, dem Vorschlag von Daniela Blickhan (2018) zu folgen und die kognitive Hoffnung à la Snyder von der wahrgenommenen Hoffnung zu unterscheiden, indem man für die kognitive Hoffnung den deutschen Begriff der Zuversicht verwendet. Allerdings lässt sich die Zuversicht auch auf Sachverhalte beziehen, die kaum oder gar nicht von der betroffenen Person beeinflusst werden können.

9.3 Folgen des rational-materialistischen Weltbildes

Das Konzept der kognitiven Hoffnung ist in einem rational-materialistischen Weltbild verankert und weist, so wie dieses, eindeutige Stärken sowie auch gewisse Schwächen auf. Im Fokus stehen die Leistung, der Erfolg, der persönliche Wille und das Selbstvertrauen. Der Mensch bleibt nicht bloßer Beobachter des Geschehens, sondern übernimmt Verantwortung für sich und die Welt, nimmt die Möglichkeiten, die ihm geboten werden, an und geht zur Tat über, um sein Leben und die Welt zu gestalten. Das technische Wissen und der Wille haben die Erfindung und Entwicklung unterschiedlicher Technologien und Innovationen ermöglicht, die uns ein angenehmeres Dasein auf Erden erlauben. Industrie und Handel haben wirtschaftlichen Fortschritt und Wohlstand erzeugt.

Das der kognitiven Hoffnung zugrunde liegende Weltbild weist aber auch bedeutende Gefahren auf. Während der letzten Jahrhunderte wurde der Fokus im Leben auf das Materielle, auf die exakten Wissenschaften, auf die allgemeine Rationalisierung und auf die Befriedigung der körperlichen Bedürfnisse des Menschen gelegt. Im rational-materialistischen Weltbild gilt nur jenes als real und richtig, was vom Verstande begriffen werden kann. Alles im Leben muss nach klaren und rationalen Regeln ablaufen, sogar die Beziehungen zwischen den Menschen. Worauf es ankommt sind die objektiven Fakten und Gegebenheiten und das logische Denken.

Da es für den rational Denkenden nur richtig oder falsch gibt, wird alles, was nicht objektiv mit den Sinnen erfasst werden kann, als irrational, verfälscht oder gegen die Vernunft stehend aufgefasst. Menschen, die sich auf den Verstand berufen, werden immer im „Recht" sein wollen. Diese Haltung ist die eines Entweder-Oder-Denkens, bei dem alles, was für den Verstand nicht begreiflich ist, sozusagen aus der Welt geschaffen wird.

In der leistungsorientierten Haltung muss der Mensch zwischen Möglichkeiten wählen und sich auf einen bestimmten Weg festlegen. Im Vordergrund steht der Erfolg. Dies begünstigt wieder das Denken in Entweder-Oder-Kategorien. Man muss, um erfolgreich zu sein, sich auf ein konkretes Ziel und auf einen Lösungsweg konzentrieren und alles andere ausschließen. Die einseitige Fokussierung auf Leistung und Erfolg lässt die Aufmerksamkeit automatisch auf das Zweckdienliche wandern. Alles wird auf die Verwirklichung von Zielen ausgerichtet und dem Weg der bestmöglichen Verwirklichung dieser Ziele untergeordnet. Was nicht einem Zweck entspricht, wird ausgeblendet, wird in den Hintergrund verbannt und erhält keinen Wert. Die Erreichung seiner Ziele gibt dem Menschen den wesentlichen Lebensinhalt. Wenn bestimmte Ziele mal nicht erreicht werden können, werden neue Wege zu deren Umsetzung in Betracht gezogen, es wird noch härter gearbeitet, noch disziplinierter an neuen Lösungen gedacht oder man zieht sich enttäuscht und niedergeschlagen zurück.

Für den Rationalismus haben Träume, Visionen und insbesondere gesellschaftliche Utopien keinen großen Wert, sondern worauf es ankommt, sind konkrete Ergebnisse. Leistung, Erfolg und Sieg sind für diese Weltanschauung zentrale Werte, die durch Kampf erbracht werden müssen. Gemäß Dilthey und Jaspers entwickeln sich im rational-materialistischen Weltbild Aspekte wie Wissen, Besitz und Macht zu hohen Idealen, weil der Mensch sich gegenüber der materiellen Welt durchsetzen und seine Bedürfnisse befriedigen muss, und zwar, weil die Materie begrenzt ist, oftmals auf Kosten anderer

Menschen und der Natur als Ganzes. Der Kampf wird in diesem Weltbild zu einer Lebenshaltung und zum Selbstzweck erhoben. Im Extremfall kommt es dann im Leben weniger auf die Sache als auf Macht und Sieg an.

Bei vielen Menschen löst das Weltbild von Rationalismus und Technik eine besondere Faszination aus. Begabte und ausgebildete Personen können etwas Neues schaffen und ein Stück der Welt gestalten und lenken. Man fühlt sich durch die Berechenbarkeit und Gesetzmäßigkeit der Welt sowie durch die eigenen Gestaltungsmöglichkeiten sicher und geborgen. Das Leben wird immer mehr rationalisiert, strukturiert und optimiert. Gleichzeitig droht der Verstand, alles Gefühl zu töten. Sobald die Technik alleine im Vordergrund steht, kann deren Sinn und Zweck für ein besseres Leben in den Hintergrund geraten. In diesem rational-mechanistischen Weltbild bleibt oft das Qualitative, das Unberechenbare, das Menschliche auf der Strecke. Solang dies so empfunden wird, besteht für den Einzelnen wenig Hoffnung, dass der Verstand und die Technik die Probleme der Welt oder auch jene in seinem eigenen Leben lösen könnten. Während sich die einen als Schöpfer und Macher empfinden, fühlen sich die anderen als Opfer einer unmenschlichen und gefühllos gewordenen Maschinerie (Marcel 1992).

Die rationalistische und materialistische Einstellung kann eine Hilfe und ein Segen für die Menschheit sein, wenn die meisten Menschen die Technik durchschauen, verstehen und darin einen Sinn und Zweck in ihrem Leben erkennen und dadurch ihre eigenen Hoffnungen erfüllen können. Das naturwissenschaftliche Wissen und der materielle Fortschritt haben aber auch bis heute, zu Beginn des 21. Jahrhunderts, kaum befriedigende Antworten auf die Fragen nach dem Sinn des Lebens, dem Wert unseres Daseins, dem Rätsel des Ursprungs und des Zwecks der Dinge gebracht. Im Gegenteil, je größer das empirische Wissen und der materielle Fortschritt, desto geringer ist die Aufmerksamkeit, die man dem Menschen und dem Geistigen entgegenbringt, und desto größer die Ratlosigkeit in Bezug auf die existenziellen Fragen des Lebens.

Daher sei es laut Dilthey nicht verwunderlich, dass die Folgen davon die Verbreitung eines allgemeinen Egoismus und Pessimismus seien. Egoismus, weil jeder versucht, einen Anteil am materiellen Wohlstand zu ergattern, um nicht als Verlierer dazustehen. Pessimismus vor allem bei jenen Menschen, die den technologischen Fortschritt nicht mehr überblicken und diesen als Bedrohung emp-finden. Wenn das Interesse, die Aufmerksamkeit und das Wissen sich lediglich auf das materiell Beobachtbare begrenzen und gleichzeitig der Rationalismus die Frage nach dem Wert und Sinn des Lebens für unbedeutend oder unergründlich erklärt, können eine Leere im Leben des Menschen und damit eine Verarmung des mensch-lichen Daseins entstehen.

10

Hoffnung im sozio-emotionalen Weltbild

Zusammenfassung

Für das sozio-emotionale Weltbild ist die Stimmung im Sinne eines positiven oder negativen Lebensgefühls bezeichnend. Im Alltag der meisten Menschen überwiegen die Gefühle der Freude und des Glücks gegenüber negativen Gefühlen wie Traurigkeit, Angst und Ärger. Positive Emotionen stehen in einem positiven Zusammenhang mit der Auffassung, die Welt sei grundsätzlich gut und die Menschen freundlich und hilfsbereit. Am meisten sind es Menschen im unmittelbaren Umfeld, d. h. Familienangehörige und Freunde, die ein Gefühl der Hoffnung vermitteln. Besonders wert- und hoffnungsvoll ist die Erfahrung, Menschen um sich herum vertrauen zu können, die einem in schwierigen Situationen beistehen. Ebenso erfüllend ist die Erfahrung, selber anderen Menschen helfen zu können. Das Gefühl der Naturverbundenheit ist eine weitere Quelle von Hoffnung. Allgemein ist Hoffnung im sozio-emotionalen Weltbild durch Gefühle der Weite, der Schönheit und der Liebe gekennzeichnet.

© Springer-Verlag GmbH Deutschland, ein Teil von Springer Nature 2019
A. M. Krafft, *Werte der Hoffnung,*
https://doi.org/10.1007/978-3-662-59194-9_10

10.1 Lebensstimmung als prägende Erfahrung

Das Leben wird heute meistens kognitiv, analytisch und rational angegangen. Im Vordergrund des Interesses steht die materielle Außenwelt, und das Innenleben des Menschen, das Gefühl, beklagt Dilthey, wird in den Hintergrund verbannt oder gar komplett übersehen. Auf diese Weise wird der Schwerpunkt gemäß Marcel (1953) auf das Diktat des Habens und Habenwollens und weniger auf das eigentliche Sein des Menschen gelegt. Menschliche Beziehungen, Hilfsbereitschaft, Empathie und Nächstenliebe sowie das innere Gefühlsleben des Menschen werden genauso unterbewertet wie die Beziehung zur Natur, das Empfinden eines größeren Ganzen, eines geistigen Zusammenhangs, d. h. einer Dimension des Lebens außerhalb der materiellen Welt. Verstand und Vernunft, das rationale Denken und somit die Einteilung der Dinge in richtig oder falsch, haben in der heutigen Zeit häufig Vorrang gegenüber Gefühlen des harmonischen Miteinanders.

Wie wichtig für Dilthey die Gefühle sind, zeigt sich in seinem Verständnis der Lebensstimmung. Gefühle haben für Dilthey Vorrang gegenüber Gedanken, weil diese eine tiefere und prägendere Dimension des Lebens und des Erlebens darstellen. Sobald der Mensch mit seiner Umwelt zusammentrifft, löst das in ihm zuerst einmal ein Bündel von Gefühlen aus. Man fühlt sich wohl, angenommen, verstanden oder ängstlich, verärgert, ausgestoßen. Das Leben kann Freude oder Kummer bereiten. Es kann sich gut oder schlecht, richtig oder falsch anfühlen. Gefühle wie Freude, Ohnmacht, Furcht, Hass oder Liebe sind für das Leben so grundsätzlich, dass sie die Werte, Ideale und Ziele des Menschen maßgeblich beeinflussen. Wir begegnen den Dingen und Menschen um uns herum mit Sympathie oder Antipathie und schenken ihnen dadurch unsere Wertschätzung oder eben auch nicht. Diese Gefühlsverfassung ist viel ursprünglicher als die Gedanken, die anschließend versuchen, das Erlebte zu ordnen und zu erklären.

Wenn sich gewisse Lebenserfahrungen regelmäßig wiederholen, kann im Menschen eine allgemeine oder universelle Lebensstimmung entstehen, d. h. eine grund-legende Gefühlslage, mit der die Welt als Ganzes sowie das eigene Leben erfahren und gedeutet werden. Es entsteht beim Einzelnen ein für ihn typisches Lebensgefühl, das er sich nicht lediglich erdacht hat, sondern das ihm auf der Grundlage wiederkehrender Erlebnisse und Erfahrungen unbewusst und unwillkürlich zu eigen geworden ist. Diese Stimmung der Welt und dem Leben gegenüber geben den Lebenserfahrungen und Weltansichten eine indivi-duelle Prägung, die sich vor allem in den Kategorien des Optimismus und des Pessimismus, der positiven und der negativen Weltsicht äußert.

Diese beiden Grundstimmungen liegen dann jenen Situationen zugrunde, die der Mensch mangels persön-licher Erlebnisse nicht vollends verstehen kann. In man-chen Fällen wird die Welt überwiegend mit Angst und Sorge erlebt. In anderen wiederum mit Zuversicht und Hoffnung. Und so entsteht durch die Stimmung eine bestimmte Deutung des Lebens und der Welt als grund-sätzlich gut oder böse, erfreulich oder bedrohlich etc. Während die positive Grundstimmung eine erfüllende, erweiternde und gestaltende ist, wirkt sich die negative Stimmung begrenzend, einengend und lähmend aus. Die-ser Gemützustand ist das ursprüngliche Medium aller weiteren Erkenntnis.

10.2 Positive und negative Gefühle im Alltag

Im Rahmen des Hoffnungsbarometers wollten wir wissen, wie oft positive und negative Gefühle im Alltag erlebt werden und wie diese Gefühle mit den Grundannahmen über sich selbst und die Welt sowie mit unterschiedlichen Aspekten von Hoffnung zusammenhängen. In Abb. 10.1 werden die von den Menschen wahrgenommenen positiven und negativen Gefühle im Alltag ersichtlich (Ausschnitte aus der SPANE-Skala von Diener et al. 2010).

Die erste Erkenntnis in Abb. 10.1 ist der klare Überhang positiver Gefühle im Leben gegenüber den negativen Emotionen. Auch wenn im Alltag das Negative oftmals stärker und lauter zu sein scheint, überwiegen im Leben der Menschen doch meistens die positiven Erfahrungen. Positive Gefühle wie Freude und Glück werden in der Regel viel öfter erlebt als negative Gefühle wie Traurigkeit, Angst und Ärger. Nur lassen wir uns von den negativen Gefühlen, insbesondere vom Ärger, manchmal stärker beeinflussen als von den guten, weil wir mit unseren Gedanken dem Negativen mehr Aufmerksamkeit

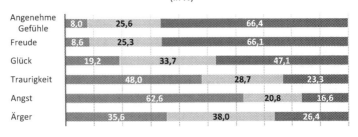

Positive und negative Gefühle im Alltag
(in %)

	Selten	Manchmal	Oft
Angenehme Gefühle	8,0	25,6	66,4
Freude	8,6	25,3	66,1
Glück	19,2	33,7	47,1
Traurigkeit	48,0	28,7	23,3
Angst	62,6	20,8	16,6
Ärger	35,6	38,0	26,4

▨ Selten ▨ Manchmal ▨ Oft

Abb. 10.1 Positive und negative Gefühle im Alltag (N = 4146)

schenken. Positive Gefühle gehören aber eher zur Normalität und stellen für die meisten Menschen die eigentliche Grundstimmung im Leben dar (siehe auch Baumeister et al. 2001).

Vorher wurde gesagt, dass die Grundstimmung im Leben das gesamte Weltbild, die Annahmen und die Haltung der Welt und dem Leben gegenüber beeinflussen. Wie die positiven und negativen Gefühle mit den Grundannahmen über sich und die Welt zusammenhängen, findet man in Tab. 10.1.

Menschen, die an das Gute in der Welt und den Menschen glauben, ein positives Selbstwertgefühl verspüren sowie sich als Personen mit Glück im Leben empfinden, haben deutlich mehr positive Gefühle und weniger negative Emotionen als Personen, die das anders erleben. Positive Erfahrungen, die positive Gefühle auslösen, bekräftigen die Annahme über die Güte der Welt, das Selbstwertgefühl sowie das Glück im Leben. Die Vorstellung einer kontrollierbaren Welt sowie die Überzeugung, Dinge im

Tab. 10.1 Korrelationskoeffizienten zwischen den Grundannahmen über sich und die Welt und positiven und negativen Gefühlen (N = 4146)

	Positive Gefühle	Negative Gefühle
Annahmen über die Welt		
Güte der Welt	0,441*	−0,354*
Güte der Menschen	0,381*	−0,289*
Sinnhaftigkeit der Welt		
Gerechtigkeit	0,289*	−0,204*
Zufall	−0,115*	0,116*
Kontrollierbarkeit	0,215*	−0,206*
Selbstbild		
Selbstwert	0,480*	−0,509*
Selbstkontrolle	0,154*	−0,127*
Glück	0,563*	−0,384*

Zweiseitige Korrelation signifikant bei *p < ,01

eigenen Leben unter Kontrolle halten zu können, haben eine weitaus schwächere Verbindung zu positiven und negativen Emotionen. Während Kontrolle vor allem ein kognitiv-rationales Phänomen darstellt, sind der Glaube an das Gute sowie der Selbstwert vorwiegend von emotionalem Charakter. Und wer an den reinen Zufall im Leben glaubt, erfährt mehr negative Gefühle wie Angst und Traurigkeit und weniger positive Gefühle wie Freude und Glück.

Von den positiven Emotionen ist das Glücksgefühl das flüchtigste und komplexeste. Abb. 10.2 zeigt eine differenziertere Darstellung des Phänomens des Glücksempfindens. Dafür wurde der Fragebogen von Lyubomirsky und Lepper (1999) verwendet.

Etwa 35 bis 40 % der Menschen halten sich für eine sehr glückliche Person, die auch in schwierigen Situationen glücklich bleiben kann. Für etwas mehr als 40 % ist das Glücksgefühl zwar vorhanden, aber nur mäßig ausgeprägt und besonders in kritischen Zeiten schwer zu bewahren. Darüber hinaus schätzen 15 bis 20 % der Befragten sich als wenig glücklich oder sogar unglücklich ein. Dies ist der Fall, weil Glück ein viel fundamentaleres und tieferes Gefühl als Freude oder gar Spaß ist und meistens von ganz anderen Aspekten im Leben abhängig ist.

Während Freude und Spaß eher oberflächlich und punktuell erlebt werden, ist Glück ein Ergebnis vielfältiger Faktoren wie positive Beziehungen zu anderen Menschen, Lebenssinn, persönliches Wachstum und Selbstachtung (Seligman 2004). Schon Aristoteles, der griechische Philosoph der Antike, unterschied zwischen einer sinnlichen Lust und Freude (Hedonismus – Vergnügen) und der Freude an guten und tugendhaften Taten (Eudaimonia – der gute Geist), die als persönliche Erfüllung und Glückseligkeit erlebt wird. Je öfter Glück und Freude im Alltag vorhanden sind, desto mehr entsteht ein Gefühl der Erfüllung und des innerlichen Aufblühens im Leben.

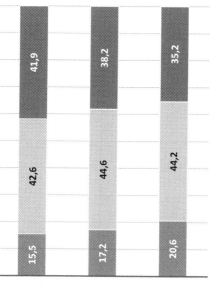

Glücksgefühl im Alltag
(in %)

Im Allgemeinen halte ich mich für eine sehr glückliche Person.

15,5 | 42,6 | 41,9

Verglichen mit den meisten Menschen meines Alters halte ich mich für glücklicher.

17,2 | 44,6 | 38,2

Manche Menschen sind im Allgemeinen glücklich. Sie genießen ihr Leben, unabhängig davon, was gerade passiert und holen aus allem das Beste heraus. Wie gut trifft diese Beschreibung auf Sie zu?

20,6 | 44,2 | 35,2

 Gering   Mittel   Stark

Abb. 10.2   Glücksgefühl im Leben (N = 4146)

10.3 Hoffnung und positive soziale Beziehungen

Richten wir nun unsere Aufmerksamkeit auf die signifikanten Zusammenhänge zwischen positiven und negativen Emotionen und den verschiedenen Facetten der Hoffnung. Das allgemeine Hoffnungsempfinden korreliert stark mit positiven Gefühlen ($r = 0{,}615$) sowie im negativen Sinne auch mit negativen Emotionen ($r = -0{,}486$), viel stärker als mit der Vorstellung, das Leben unter Kontrolle zu haben ($r = 0{,}177$). Hoffnung korreliert mehr mit positiven Gefühlen als mit negativen, weil Hoffnung auch in Situationen der Unsicherheit und Niedergeschlagenheit weiterhin bestehen bleiben kann.

Besonders ausgeprägt sind positive Gefühle, wenn Menschen ihre Hoffnung auf eine glückliche Ehe, Familie oder Partnerschaft ($r = 0{,}220$) oder auf gute und vertrauensvolle Beziehungen zu anderen Menschen ($r = 0{,}201$) legen. Dagegen hängt die Hoffnung auf mehr Geld negativ mit positiven Gefühlen ($r = -0{,}127$) und wiederum positiv mit negativen Gefühlen ($r = 0{,}173$) zusammen. Der Wunsch nach mehr Geld ist vor allem in finanziellen Notlagen ausgeprägt, die meistens mit Gefühlen der Unsicherheit, Angst und Sorge verbunden sind. Sobald die Hoffnung auf mehr Geld erfüllt wird, verliert diese wiederum an Bedeutung.

Besonders relevant für ein gutes Lebensgefühl sind die sozialen Aktivitäten wie beispielsweise mit dem Partner ($r = 0{,}312$), der Familie ($r = 0{,}304$) oder den Freunden ($r = 0{,}272$) über die eigenen Hoffnungen zu sprechen, denn dies ermuntert uns und gibt uns ein Gefühl der Geborgenheit und Zuversicht, sofern wir uns von den anderen verstanden und unterstützt fühlen.

Zu den Menschen, die am häufigsten und kraftvollsten Hoffnung vermitteln, gehören die engsten Familienangehörigen und Freunde (Abb. 10.3).

Auch wenn viele Personen es gewohnt sind, ihre Hoffnungen auf sich selbst zu setzen und der Überzeugung sind, dass Hoffnung zur Eigenverantwortung eines jeden Menschen gehört, sind der Partner bzw. die Partnerin, die engsten Freunde sowie die eigenen Eltern und Kindern die wichtigsten Hoffnungsträger im Leben. Je näher die Menschen im eigenen Leben emotional präsent sind, desto mehr werden sie zu Hoffnungsträgern.

Wie wichtig positive Beziehungen sind, zeigen die hohen Korrelationswerte mit Hoffnung ($r = 0{,}467$) und mit positiven Gefühlen ($r = 0{,}487$). In welchen Situationen gute Beziehungen zu anderen Menschen von besonderem Wert sind, zeigt Abb. 10.4. Die Items wurden von einer Subskala von Scioli et al. (2011) zur Erhebung der Verbundenheit mit nahestehenden Personen als Quelle von Hoffnung entnommen.

Die meisten Menschen haben einen Freund oder ein Familienmitglied, dem sie sich anvertrauen können. Vor allem in einer Krise ist es besonders wertvoll, Menschen zu haben, die man um Hilfe bitten kann und die einem zur Seite stehen. Allerdings finden nicht alle die Hilfe, die sie sich in solchen Situationen gewünscht und erhofft haben. Auffallend weniger relevant oder förderlich ist die Hilfe von Menschen, wenn es um persönliche Erfolge geht. Der Wert sozialer Beziehungen kommt demnach meistens in kritischen oder sehr persönlichen Lebenssituationen zur Geltung, dort, wo man selber nicht mehr weiter weiß und auf Hilfe anderer angewiesen ist. Persönliche Leistungen dagegen scheinen einen viel individuelleren Charakter zu haben, zumindest in unserer westeuropäischen Gesellschaft.

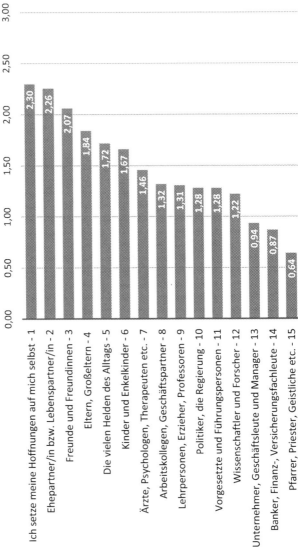

Abb. 10.3   Menschen, die Hoffnung vermitteln (N=4146)

Abb. 10.4 Positive menschliche Beziehungen (N = 4286)

Anderen Personen, insbesondere der Familie und den Freunden, helfen zu können, erfüllt die meisten Menschen mit Freude und innerem Frieden (Abb. 10.5) und vermittelt ein Gefühl der Hoffnung ($r = 0,254$) (Skala von Nickell 1998).

Im Hoffnungsbarometer von 2015 und 2016 wurde ein hoch signifikanter Zusammenhang zwischen Hoffnung und positiven Beziehungen ($r = 0,459$), menschlicher Verbundenheit ($r = 0,467$) und (im negativen Sinne) mit Einsamkeit ($r = -0,421$) ermittelt. Wenn die Liebe das höchste Gefühl ist, dann wird gerade die Liebe zu einer anderen Person das persönliche Erleben der Hoffnung bestimmen. Für den Philosophen Gabriel Marcel (1949, 1992) gründet Hoffnung auf einem geistigen Band der Liebe zwischen den Menschen. Eine anscheinend aussichtslose Situation kann vor allem dann mit Hoffnung gemeistert und überwunden werden, wenn unser Leben mit dem eines anderen Menschen in Liebe verbunden ist. Einsamkeit ist einer der größten Feinde der Hoffnung.

Wieso Hoffnung in der Verbundenheit zu einer geliebten Person begründet ist, lässt sich auf die allerersten Erfahrungen im Leben zurückführen. In der Entwicklungspsychologie Eriksons' (1963) ist Hoffnung die ursprünglichste aller sozialpsychologischen Grundtugenden, welche sich bereits beim Säugling aus dem Urkonflikt zwischen den Gefühlen der Angst und des Vertrauens herausbildet. Das aus diesem Widerstreit resultierende Urvertrauen wird zu einem Bestandteil der persönlichen Identität und zur Voraussetzung für ein harmonisches Leben und eine positive Entwicklung des Menschen schlechthin. Hoffnung weckt in der Person Gefühle der Freundschaft, der Anteilnahme und bewegt den Menschen dazu, anderen Menschen zu helfen (Cohn und Fredrickson 2006).

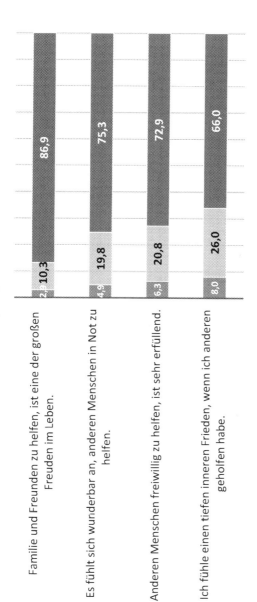

Hilfsbereitschaft
(in %)

Familie und Freunden zu helfen, ist eine der großen Freuden im Leben.	2, 10,3 ... 86,9
Es fühlt sich wunderbar an, anderen Menschen in Not zu helfen.	4,9 19,8 ... 75,3
Anderen Menschen freiwillig zu helfen, ist sehr erfüllend.	6,3 20,8 ... 72,9
Ich fühle einen tiefen inneren Frieden, wenn ich anderen geholfen habe.	8,0 26,0 ... 66,0

▓ Stimmt kaum   ▓ Unterschiedlich   ▓ Stimmt ziemlich

Abb. 10.5   Hilfsbereitschaft (N = 4146)

Wahre Hoffnung muss sich laut Marcel auf jemand anderen richten, um der Versuchung zu entkommen, sich selbst gedanklich aufzugeben und zu verzweifeln. Insbesondere in lebensbedrohlichen Situationen, wie die der von Krankheit, besteht die Hoffnung darin, sich jemandem anderen zuwenden und anvertrauen zu können, um als Mensch angenommen zu werden. Diese Beziehung der Liebe ermöglicht eine bedingungslose Hoffnung. In solchen Fällen wird auch die Selbstverwirklichung nach außen keinen so großen Stellenwert mehr haben, und die Erfahrung, anderen helfen oder etwas für die Welt tun zu können, in den Vordergrund rücken. Anstatt Selbstverwirklichung werden dann Selbsterkenntnis, Bewusstseinserweiterung, persönliches Wachstum und kollektive Entwicklung möglich.

10.4 Hoffnung: ein Gefühl der Weite und der Intuition

In den ersten Jahren des Hoffnungsbarometers wurden die Teilnehmenden gebeten, Orte anzugeben, an denen sie sich besonders hoffnungsvoll fühlten. Am häufigsten wurden die freie Natur (66,5 %), am Meeresstrand (37,8 %) und auf einem Berggipfel (33,2 %) genannt (Krafft und Walker 2018). Für viele Menschen ist die Natur eine Quelle von Schönheit, Energie und Hoffnung, wie dies in Abb. 10.6 anschaulich wird (Schnell und Becker 2007).

Laut Peterson und Seligman (2004) zählt die Hoffnung, zusammen mit den Charaktereigenschaften des Erkennens von Schönheit und Großartigkeit sowie der Ehrfurcht und dem Staunen zur Tugend der Transzendenz. Der Mensch betrachtet die Landschaft nicht mechanisch, sondern er betrachtet, erlebt und erfühlt die ganze Stimmung eines

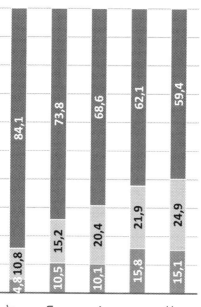

Abb. 10.6 Erlebnisse in der Natur (N = 4456)

wunderschönen Sonnenunterganges, der die weiß verschneiten Berge zum Glühen bringt. In einer solchen Situation wird der betrachtende Mensch eins mit der Natur, er fühlt sich mit allem verwandt, mit den Bergen, den Tieren, ja sogar mit dem Himmel. Der Mensch kommt aus dem Staunen und Bewundern nicht heraus. In solchen Momenten überkommt einem ein Gefühl des Vertrauens und der Geborgenheit.

Die Welt wird hier nicht lediglich mit dem Verstand erfasst, sondern in ihrer Schönheit, Großartigkeit und Mannigfaltigkeit geistig und seelisch aufgenommen. Die emotionale Welt ist genauso real und erlebbar wie die sinnlich-räumliche Welt, aber doch anders. In einfachen Begriffen gesagt, ist die emotionale Welt eine besondere Welt, die sich nicht auf das Äußere, sondern auf das Innere und auf die tieferen Zusammenhänge bezieht. Anstelle von objektiven Fakten und Gesetzen treten hier eine Ehrfurcht, ein, wie Jaspers (1919) es formuliert, magisches Wirken, ein von Gefühlen intuitiv geleitetes Erleben von Dingen, die unbegreiflich erscheinen, aber für den Betrachter völlig real sind. Es sind solche Erlebnisse, die den Menschen im Tiefen seines Herzens berühren, und die wie eine innere Kraft auf die Gedanken und Handlungen wirken. Entscheidend ist nicht die Objektivität, sondern das persönliche Erleben. Diese Erfahrungen sind die Quelle für die Erweiterung des menschlichen Bewusstseins in Bezug auf das zauberhafte, noch unerklärliche Verhältnis zwischen dem Geist und der Materie, zwischen der Seele und dem Körper.

Dies passt genau zu Fredricksons' (2010) psychologischer Theorie der positiven Emotionen, wo Hoffnung als ein Gefühl der Weite und der Distanzierung von den alltäglichen Problemen beschrieben wird. Der Mensch nimmt Abstand von seinen kurzfristigen Zielen und vom rein Zweckdienlichen und ist offen für neue, bisher unbekannte, unerwartete Dinge im Leben und vor allem für die Schönheit der Natur und der Welt. Neues zulassen setzt oft das Loslassen und die Befreiung von festgefahrenen Lebensinhalten und Wegen voraus. Anstelle des Rationalismus treten die Intuition, die innere Stimme und das universelle Ganze hervor. Denken wir nur an die musische Inspiration eines Musikers oder eines Schriftstellers oder auch an die kreativen Geistesblitze eines Erfinders. Anstatt auf Zahlen und Fakten beruft man sich bei der Hoffnung auf das Gefühl und die Eingebung. Das Entscheidende wird nicht mit dem Verstand, sondern mit dem Herzen erfasst, wie Antoine de Saint Exupéry schon sagte. Im sozio-emotionalen Weltbild ist das Herz das „Organ", welches man als Orientierung gebraucht und welches dem Menschen die vielfältigen Möglichkeiten und die richtigen Wege in eine ungewisse Zukunft aufzeigt.

Besonders in schwierigen Zeiten kann somit eine wohltuende Gelassenheit zum Vorschein kommen. Durch das positive Gefühl der Hoffnung öffnen und erweitern sich die Wahrnehmung und das Bewusstsein. Die Sicht auf die Welt bekommt neue Perspektiven und neue Horizonte. Indem das Große und Ganze betrachtet wird und man sich nicht auf das kurzfristig Negative, auf Angst und Sorge, fokussiert, entstehen im Bewusstsein neue Weltbilder der Hoffnung.

11

Hoffnung im spirituell-religiösen Weltbild

Zusammenfassung

Das spirituell-religiöse Weltbild ist im Glauben verankert. Der Glaube richtet sich auf die transzendente und geistige Ebene und gibt Antworten auf die großen Rätsel des Lebens, die keine Wissenschaft erklären kann. Zwischen einem Viertel und einem Drittel der Bevölkerung empfindet oder praktiziert eine bestimmte Art von Spiritualität oder Religiosität: glaubt beispielsweise an die Existenz einer höheren Macht, lässt sich von Gott oder einer universellen geistigen Energie im Alltag führen und vertraut der Kraft des Gebets oder der Meditation. Im spirituell-religiösen Weltbild entwickelt sich die Hoffnung zu einer absoluten Hoffnung, die an keine Erwartungen oder Bedingungen geknüpft ist. Spiritualität und Religiosität gehen im Allgemeinen mit höheren Hoffnungswerten sowie auch mit mehr Generativität, Lebenssinn, Hilfsbereitschaft und Mitgefühl einher. Allerdings darf der Glaube nicht zum Dogma und damit zur Einseitigkeit und Intoleranz verkommen.

© Springer-Verlag GmbH Deutschland, ein Teil von Springer Nature 2019
A. M. Krafft, *Werte der Hoffnung*,
https://doi.org/10.1007/978-3-662-59194-9_11

11.1 Die Rätsel des Lebens und der Glaube

Dank des technischen und naturwissenschaftlichen Wissens kann der Mensch viele Bereiche des Lebens und der Welt verstehen und bestimmte Aufgaben erfüllen. Im Leben gibt es allerdings viele Situationen und Phänomene, die nicht durch ein klares und eindeutiges Wissen erklärt werden können. Dilthey nennt diese Aspekte der Welt und des Lebens die „Lebensrätsel": Es geht dabei unter anderem um Fragen zum Wie, Warum, Wieso und Wozu des Lebens selbst. Wie sind die Welt und der Mensch entstanden? Was ist die Bedeutung des Lebens? Warum müssen Menschen leiden? Wieso müssen wir sterben? Welchen Sinn hat mein ganz persönliches Leben?

Zudem sind es Phänomene wie die Seele und der Geist des Menschen, die zwar erfühlt, aber nur annähernd und lückenhaft erfasst werden können. Auf diese Fragen gibt es keine eindeutigen wissenschaftlichen Antworten. Der Mensch sieht sich diesbezüglich einer für ihn fremden, unbegreiflichen, teilweise unheimlichen Welt gegenübergestellt und versucht, das Ganze zu verstehen, indem er persönliche Antworten auf diese ungelösten Fragen findet. Daraus ergibt sich ein persönliches Urteil über die Beziehung des Menschen zur Natur, zu den anderen Menschen und zu einer transzendenten Realität, sei es Gott, sei es einer geistigen Welt oder einer höheren Form von Kraft oder Energie.

Zur Weltanschauung gehört daher unsere Gesamtsicht über „Gott und die Welt", d. h. über Dinge, die wir nicht sehen und begreifen können, über die wir aber denken und reden, sowie über einzelne Dinge, die wir zwar erfahren, uns aber nicht erklären können und über die wir uns dann einen Gesamteindruck machen. Die aktuellen

Bücher, Filme und TV-Serien, angefangen bei Harry Potter über die Geschichten von Zeitreisenden bis hin zu den Abenteuern von unsterblichen Vampiren, sind ein Zeichen dafür, dass der Mensch eine große Sehnsucht nach dem Übernatürlichen und Geistigen hat. Wir würden gerne wissen, ob es Leben außerhalb der Erde gibt, ob das Leben nach dem Tod weitergeht und vieles mehr und bauen uns Fantasien darüber, wie dies aussehen könnte. Der Traum der Unsterblichkeit ist immer wieder ein Thema sowie der Kampf zwischen Gut und Böse, wo am Ende das Gute über das Böse siegt und die Welt wieder in Ordnung ist.

Die wirkende Kraft im spirituell-religiösen Weltbild ist der Glaube als ein zentrales Phänomen des Lebens. Es ist vor allem das, woran Menschen glauben und welche Grundannahmen und Überzeugungen sie haben, was eine Weltanschauung erst zur solchen werden lässt. Im Gegensatz zum rational-materialistischen Weltbild wird in der spirituellen Einstellung etwas wahrgenommen, empfunden oder erahnt, was den Sinnen und dem Verstand nicht zugänglich ist und somit aus der Perspektive der Vernunft als irrational bezeichnet wird. Mit dem Glauben ist vorerst eine bestimmte Ungewissheit und Unbeweisbarkeit verbunden, weswegen der Glaube im Gegensatz zum objektiven, naturwissenschaftlichen Wissen steht. Dieses Weltbild ist auf das Transzendente gerichtet, d. h. auf das, was über das rein Materielle und direkt Wahrnehmbare hinausreicht. Beim spirituell-religiösen Weltbild steht die Frage nach dem Ursprung, nach dem Prinzip und dem inneren Wesen aller Dinge, insbesondere des Lebens, im Zentrum. Das Spirituelle, Geistige oder Mystische kann nicht erkannt oder wissenschaftlich erfasst, sondern nur vom Einzelnen erlebt werden. Als Erlebnis ist es aber für die Person real, und zwar so real wie die materielle Welt selbst. Viele Menschen erfahren im Glauben sogar den Sinn und Zweck ihres Lebens.

11.2 Spiritualität, Religiosität und Glaube im Alltag

Bei der jährlichen Umfrage des Hoffnungsbarometers beteiligen sich Personen mit ganz unterschiedlichen Glaubensrichtungen und Religionszugehörigkeiten. Ca. ein Viertel der Befragten ist römisch-katholisch, ein weiteres Viertel evangelisch-reformiert und ein Drittel gibt an, von der Kirche ausgetreten zu sein und keine Religion oder Konfession zu haben. 3 % bis 5 % gehören einer anderen christlichen Kirche an, 5 % bis 7 % bezeichnen sich als ein spiritueller Mensch außerhalb der traditionellen Weltreligionen und etwa 2 % zählen zu anderen Religionen wie dem Islam, dem Judentum, dem Hinduismus und dem Buddhismus.

Zur Erfassung von Spiritualität und Religiosität und ihrem Zusammenhang mit Hoffnung wurden in den vergangenen Jahren verschiedene Skalen verwendet, mit denen unterschiedliche Facetten eines spirituell-religiösen Weltbildes untersucht werden konnten (Parsian und Dunning 2009; Scioli et al. 2011; Storch et al. 2004).

Von all den befragten Personen halten sich lediglich ca. 15 % für aktiv in ihrem Glauben (sie beten beispielsweise regelmäßig). Allerdings erachten ca. 30 % ihre Spiritualität als einen wichtigen Teil ihres Lebens, der ihnen einen Lebenssinn vermittelt sowie ihnen eine konkrete Orientierung gibt (Abb. 11.1).

Auch wenn Spiritualität und Religiosität meistens Hand in Hand gehen und im Grunde genommen mit ähnlichen Vorsätzen verbunden sind (z. B. die Verbindung mit einer geistigen Sphäre), haben sich in den letzten Jahrzehnten durch den erleichterten Zugang zu verschiedenen vor allem fernöstlichen Glaubensrichtungen (Buddhismus, Hinduismus) sowie die Entwicklung neuer Gemeinschaften und

Spiritualität und Religiosität im Alltag
(in %)

Ich halte mich selbst für aktiv in meinem Glauben. — 67,7 / 17,6 / 10,4 / 4,4

Meine Spiritualität ist ein Teil meines ganzen Zugangs zum Leben. — 51,3 / 19,5 / 21,0 / 8,3

Ich erkenne, dass mein Glaube mir Lebenssinn und Lebenszweck gibt. — 51,4 / 16,9 / 22,0 / 9,7

Meine Spiritualität hilft mir, meine Ziele zu definieren. — 50,4 / 20,8 / 21,7 / 7,1

Stimmt gar nicht   Stimmt eher nicht   Stimmt ziemlich   Stimmt voll und ganz

Abb. 11.1 Spiritualität und Religiosität im Alltag (N = 4146)

Praktiken (Meditation, Yoga, Qi Gong etc.) diese beiden Phänomene mehr oder weniger voneinander entfernt (Zinnbauer und Pargament 2005). Nicht alle spirituellen Menschen sind im strikten Sinne des Wortes religiös (d. h. gehören zu einer Kirche oder Weltreligion) und nicht alle religiösen Menschen, die regelmäßig in die Kirche gehen, können als spirituell bezeichnet werden. Mit Spiritualität bezeichnet Ellens (2008) eine innere Haltung und ein persönliches Interesse, durch bestimmte Erfahrungen und Praktiken (wie z. B. der Meditation) inneren Frieden, Harmonie und ein höheres Bewusstsein über das Geistige und Heilige zu erlangen. Dies kann auch als intrinsische Religiosität bezeichnet werden. Dagegen bezieht sich (extrinsische) Religiosität auf die Schriften, Glaubenssätze, Traditionen und Bräuche einer kirchlichen Gemeinschaft (Hill und Pargament 2008).

Wie unterschiedlich die Weltanschauungen und die spirituellen Auffassungen sein können, wird in den folgenden Ergebnissen des Hoffnungsbarometers sichtbar (siehe Skala von Scioli et al. 2011). Nahezu 50 % der Menschen glauben ziemlich bis stark, dass es irgendwo im Universum eine positive Kraft gibt (Abb. 11.2). Dieser Anteil sinkt auf 30 % bis 35 %, wenn es um konkrete Vorstellungen geht, wie beispielsweise der Glaube an eine wohlwollende und gütige Macht, mit der man persönlich in Kontakt treten kann oder die sich dem Menschen zu erkennen gibt.

In der Spiritualität/Religiosität ist der Blick vor allem auf das Geistige und Heilige gerichtet. Spiritualität/ Religiosität heißt zuallererst die Verbindung mit dem Absoluten, dem Göttlichen oder Transzendenten. Für den Gläubigen ist sein Glaube sehr oft mit konkreten persönlichen Erfahrungen verbunden, Erfahrungen von Gott, von glücklichen Fügungen oder geistigen Erlebnissen. Denken wir zurück an die Erfahrungen, die Hoffnung stärken (Abb. 4.1), wo 20 % bis 25 % der Befragten

Glaube an eine höhere Macht
(in %)

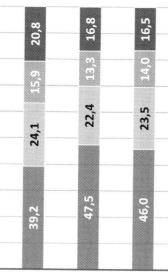

| | Trifft nicht zu | Trifft ein wenig zu |
| | Trifft ziemlich zu | Trifft genau zu |

Abb. 11.2   Glaube an eine höhere Macht (N = 4286)

aussagen, ihre Gebete seien erhört worden und sie hätten Gottes Nähe bereits gespürt. Für Menschen, die solche Erfahrungen gemacht haben, sei es in bedrohlichen Grenzsituationen wie Krankheit, Unfall oder traumatischen Ereignissen, aber auch im Gebet, in der Meditation oder in der Kontemplation von Naturwundern, entwickelt sich der Glaube zur Gewissheit, der ihnen einen noch stärkeren Halt gibt als alle möglichen objektiven Beweise.

11.3 Glaube, Vertrauen und absolute Hoffnung

Aus dem spirituell-religiösen Glauben heraus entsteht eine bestimmte Lebensführung. In der Gemeinschaft mit Gott wird Platz für den übergeordneten Willen gemacht, der sich dem Menschen ganz praktisch und konkret im Alltag offenbaren kann. Die Ergebnisse des Hoffnungsbarometers bezeugen, dass zwischen 20 % und 25 % der Personen sich direkt auf Gott oder eine höhere Macht beziehen, wenn es darum geht, Entscheidungen zu treffen, Ziele zu verfolgen und erfolgreich zu sein (Abb. 11.3) (Skala von Scioli et al. 2011). Immerhin glauben auch 35 % der Befragten, dass Erfolg nicht nur durch die eigene Willenskraft erreicht werden kann.

In den Augen des Philosophen Gabriel Marcel (1949) ist Hoffnung (so wie auch die Liebe) grundsätzlich ein geistiges Mysterium, welches sich im inneren Wesen des Menschen abspielt. Für Marcel ist wahre Hoffnung eine absolute Hoffnung. Jeder Mensch hat das Recht und die Fähigkeit, auch in anscheinend aussichtslosen Situationen weiterhin zu hoffen. Sobald man objektive Gründe für die Hoffnung sucht, knüpft man diese an bestimmte externe Bedingungen und trennt sie vom Geiste des

Glaube im Alltag
(in %)

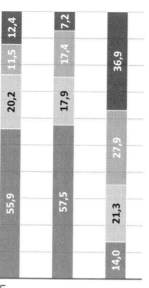

Um meine Ziele zu erreichen, versuche ich Hand in Hand mit Gott bzw. einer höheren Macht zusammenzuarbeiten.

Mein spiritueller Glaube hat mir die Kraft gegeben, um im Leben erfolgreich zu sein.

Mein Glaube beeinflusst viele meiner Entscheidungen.

Erfolge werden durch menschliche Willenskraft erreicht, nicht durch Gebet oder spirituelle Führung.

Trifft nicht zu   Trifft ein wenig zu   Trifft ziemlich zu   Trifft genau zu

Abb. 11.3 Glaube im Alltag (N = 4286)

Menschen. Die Hoffnung wird dann relativiert und damit untergraben. Versucht man die Hoffnung rational zu begründen, kommt eine Weltsicht zum Ausdruck, die besagt, dass man in Wirklichkeit weder glauben noch von sich aus richtig hoffen kann. Absolute Hoffnung ist erst dann vorhanden, wenn man in der Hoffnung lebt, wenn keinerlei Bedingungen gestellt und keinerlei Grenzen gesetzt werden und man dadurch frei ist anstatt an konkrete Objekte und Ziele gebunden. Der ehemalige tschechische Präsident Vaclav Havel brachte dieses Verständnis von Hoffnung sehr treffend auf den Punkt: *„Hoffnung ist nicht die Überzeugung, dass etwas gut ausgeht, sondern die Gewissheit, dass etwas Sinn hat, egal wie es ausgeht."* Diese absolute Hoffnung kann für Marcel nur mit dem Absoluten schlechthin, d. h. mit Gott oder einer universellen Kraft in Verbindung stehen.

In welchem Zusammenhang Spiritualität/Religiosität in Deutschland und der Schweiz mit Hoffnung und anderen Lebenseinstellungen stehen, zeigt Tab. 11.1.

Spirituell-religiöse Menschen sind im Allgemeinen hoffnungsvoller, denken stärker an zukünftige Generationen, erleben mehr Sinn im Leben und entwickeln häufiger Hilfsbereitschaft und Mitgefühl als nicht-spirituelle Menschen. Erinnern wir uns an dieser Stelle an die Aktivitäten

Tab. 11.1 Korrelationswerte zwischen Religiosität und Spiritualität mit Hoffnung und anderen positiven Lebenshaltungen (N = 4286)

	Religiosität	Spiritualität
Hoffnung	0,219*	0,329*
Optimismus	0,136*	0,149*
Generativität	0,277*	0.295*
Sinn im Leben	0,250*	0,260*
Hilfsbereitschaft	0,247*	0,291*
Mitgefühl	0,251*	0,289*

Zweiseitige Korrelation signifikant bei *p<.,01

zur Erfüllung von Hoffnung und deren Zusammenhang mit dem allgemeinen Hoffnungsempfinden (Abb. 6.1): Menschen, die auf Gott vertrauen, regelmäßig beten und meditieren oder eine Kirche besuchen, erreichen auch höhere Hoffnungswerte als Menschen, die dies weniger oder gar nicht tun. Bemerkenswerterweise steht Optimismus in einem viel geringeren Maße mit dem spirituell-religiösen Weltbild in Verbindung als Hoffnung, was wiederum den unterschiedlichen Charakter dieser beiden Phänomene zum Ausdruck bringt.

Ein Beispiel dafür, was diese Korrelationswerte konkret aussagen, zeigt der Zusammenhang zwischen Hoffnung und der Aussage „Um meine Ziele zu erreichen, versuche ich Hand in Hand mit Gott bzw. einer höheren Macht zusammenzuarbeiten" (Scioli et al. 2011). Je stärker diese Aussage für den Einzelnen zutrifft, desto signifikant höher ist die Ausprägung von Hoffnung (Abb. 11.4).

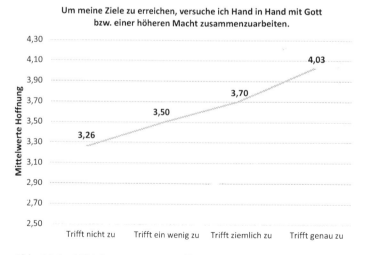

Abb. 11.4 Mittelwerte von Hoffnung entsprechend religiöser Einstellung (N = 4286)

Aus einer spirituell-religiösen Perspektive gibt es grundsätzlich nichts Unmögliches, die angeblichen Gegensätze und Widersprüche der materiellen Welt lösen sich auf und machen Platz für unendlich neue Möglichkeiten. Dies bekunden auch Ärzte wie Dr. Jerome Groopman (2005) und Dr. med. Bernie Siegel (2003), deren Bücher „Anatomy of hope: how people prevail in the face of illness" und „Prognose Hoffnung – Liebe, Medizin und Wunder" ein Zeugnis für die Macht des Geistes sind. In der Kraft des Glaubens und der Hoffnung steckt das Vertrauen in eine bessere Zukunft sowie in eine geistige Schöpferkraft, die dem Menschen in geheimnisvoller Weise zur Verfügung steht und durch die der Mensch sich getragen fühlen kann. Mit einer glaubenden Einstellung wird die Aufmerksamkeit auf die Vielfalt zukünftiger Aussichten im Leben gelegt. Der Glaube, sei es an eine höhere Macht, an das Glück im Leben oder lediglich an das Gute, ist eine konkrete und lebendige Kraft, ohne die die Welt nahezu stehen bleiben würde. Würde man nur den Verstand bemühen, so würden die Vorstellungen der Zukunft eher beschränkt ausfallen. Der Glaube und die Hoffnung sind die Kraft, die Halt in der Gegenwart geben und zugleich den Menschen nach vorne treiben und die Herausforderungen des Lebens meistern und überwinden helfen (Dalferth 2016).

In den meisten Religionen ist das Heilige durch die Liebe gekennzeichnet. Das wichtigste Ziel im religiösen Glauben ist das Handeln aus Liebe, um somit eins zu werden mit Gott, mit dem allgegenwärtigen Geist, mit dem Universum etc. Paradox oder sogar absurd wird es, wenn der religiöse Glaube zu einem Dogma verabsolutiert wird, wenn keine anderen Sichtweisen als die des eigenen Glaubens zugelassen werden, wenn im Namen einer Religion oder eines Glaubens andere Religionen, Glaubensrichtungen und Menschen verurteilt und sogar Kriege geführt werden. Sobald jemand der Ansicht ist, seine Religion sei die einzig wahre, verabsolutiert er einen Teil der Wahrheit über Gott, das Leben und die Welt und erklärt diese zur ganzen Wahrheit (Panikkar 1999). Wenn zwei Menschen aus unterschiedlichen Glaubensrichtungen den Anspruch erheben, im Namen Gottes die einzige Wahrheit zu verkünden, wird es schwer sein, eine Verständigung zwischen den beiden zu erreichen. Niemand kann wirklich wissen, ob sein Glaube der allein richtige bzw. ob seine Interpretation der Wahrheit die einzig mögliche ist, denn es ist schließlich ein Glaube. Dies ist oft der Ausgangspunkt für Intoleranz, Ausgrenzung und Konflikte, deren Folge die Hoffnungslosigkeit ist. Hoffnung kann in einem spirituell-religiösen Glauben verankert sein, wenn sie mit positiven Gefühlen, einem erweiterten Bewusstsein und vor allem mit Werten des gegenseitigen Verständnisses und des Respekts, der Toleranz, Wertschätzung und Hilfsbereitschaft allen Menschen gegenüber, egal welcher Religion sie angehören, verbunden ist.

12

Hoffnung in Grenzsituationen

Zusammenfassung

Während man sie im Alltag kaum beachtet, wird die Hoffnung besonders in bedrohlichen Grenzsituation gegenwärtig. Wenn Menschen Not leiden, voller Angst und Sorge in die Zukunft schauen oder mit dem Tod konfrontiert werden, suchen sie nach Halt und Orientierung. Die meisten Menschen können nach schwierigen Situationen oder sogar existenziellen Erlebnissen von einer positiven Entwicklung, einem sog. posttraumatischen Wachstum berichten. Man empfindet das Leben nicht mehr als selbstverständlich, knüpft engere und tiefere Verbindungen zu geliebten Menschen, definiert neue Prioritäten im Leben und engagiert sich entschlossener für einen guten Zweck. Dafür braucht es in der Regel eine andere Person oder externe Instanz, die einem hilft, die negativen Gedanken und Gefühle zu überwinden. Hoffnung ist auch in Angesicht des Todes von Bedeutung: Hoffnung auf Heilung, auf ein Leben nach dem Tod oder auf das Wohlergehen der Familie. Hoffnung ist in der Freiheit und der Würde des Menschen begründet.

© Springer-Verlag GmbH Deutschland, ein Teil von Springer Nature 2019
A. M. Krafft, *Werte der Hoffnung*,
https://doi.org/10.1007/978-3-662-59194-9_12

12.1 Hoffnung im Leiden

Das Leiden ist im Leben nahezu unvermeidlich und in der Welt allgegenwärtig. Das ganze Leben bewegt sich kontinuierlich zwischen den beiden Polen von Glück und Leid. Menschen leiden unter schmerzvollen Krankheiten. Sie leiden, wenn sie von Schicksalsschlägen heimgesucht werden. Wenn der geliebte Partner, die Mutter oder das Kind von der Welt scheidet und man keine Antwort auf die Frage nach dem Wieso erhält. Menschen leiden, wenn sie etwas wollen, aber nicht können, wenn sie sich ohnmächtig fühlen, verzweifelt und machtlos vor der Sinnlosigkeit des Zufalls stehen. Die erste und allerletzte Grundfrage der Hoffnung ist, ob auch in solchen Situationen zum Leben grundsätzlich ja gesagt werden kann (Frankl 2002). Hat das Leben noch einen Sinn? Findet man noch irgendetwas Positives am Leben? Ist das Leben überhaupt noch lebenswert? Wenn, wie Schopenhauer (2011) erklärte, das Leben einzig und allein aus Leid besteht, dann kann die Antwort auf diese Fragen nur ein großes Nein sein. Wenn das Leben nur Leid ist, dann ist der Tod die willkommene Erlösung.

So wie sich Gegensätze zuweilen anziehen, können auch Leid und Not unter Umständen etwas Gutes hervorbringen. Dies geschieht offenbar viel öfter, als gewöhnlich angenommen wird. Mehrere Wissenschaftler haben das Phänomen des inneren Wachstums und der persönlichen Entwicklung nach traumatischen und anscheinend hoffnungslosen Situationen intensiv untersucht. Traumatische Erlebnisse können das bisherige Welt- und Selbstbild erschüttern und den inneren Glauben, den Lebenssinn sowie auch die Zuversicht in die Zukunft infrage stellen. Allerdings berichten viele Menschen nach erlebten Schicksalsschlägen auch über eine tief greifende innere

Transformation zum Guten, die in der Forschung als posttraumatisches Wachstum bekannt geworden ist (Tedeschi und Calhoun 2004).

Lebenskrisen können die Betrachtung der Welt und die Einstellung zum Leben tiefgreifend verändern und der betroffenen Person helfen, über die Situation und sich selbst hinauszuwachsen. Diese Entwicklung hängt von der individuellen Interpretation und Sinngebung, von der emotionalen Verarbeitung sowie vom persönlichen Umgang des Menschen mit dem schicksalsprägenden Ereignis und dem Leben danach ab. Im Grunde genommen geht es in diesen Situationen um das Ringen mit den existenziellen Fragestellungen im Leben und der Veränderung althergebrachter Denkmuster und Gewohnheiten. Aus der Verzweiflung heraus können eine neue Stärke, ein vertiefter Glaube sowie eine grundlegendere Zuversicht im Leben hervorgehen (Joseph und Linley 2006).

Mit dem Instrument von Joseph et al. (2006) wurden im Hoffnungsbarometer die Erfahrungen von posttraumatischen Belastungen und posttraumatischem Wachstum in Zusammenhang mit Hoffnung sowie den Grundeinstellungen zum Lebenssinn, zur Generativität, Religiosität und Spiritualität untersucht (Schnell und Becker 2007). Die befragten Personen wurden gebeten, aus einer Reihe von Erlebnissen das für sie am meist belastende zu wählen (Abb. 12.1) und anschließend die von ihnen empfundenen negativen Folgen (Abb. 12.2) sowie die positiven Veränderungen (Abb. 12.3) zu bewerten.

Die leidvollsten Erfahrungen im Leben sind der Verlust eines geliebten Menschen, die Trennung oder Scheidung vom Partner sowie das Erleiden einer chronischen oder akuten Krankheit, allesamt Erlebnisse, die existenzielle

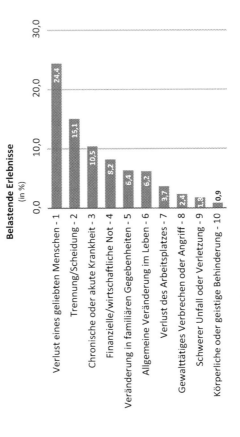

Abb. 12.1 Belastende Erlebnisse (N = 4581)

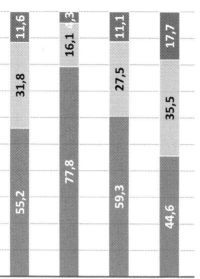

Posttraumatische Belastungen
(in %)

Ich blicke nicht mehr zuversichtlich in die Zukunft.

Das Leben hat keinen Sinn mehr.

Ich habe jetzt sehr wenig Vertrauen in mich selbst.

Ich habe jetzt sehr wenig Vertrauen in andere Menschen.

Stimmt nicht   Stimmt etwas   Stimmt weitgehend

Abb. 12.2 Posttraumatische Belastungen (N = 4581)

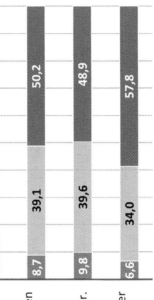

Posttraumatisches Wachstum
(in %)

Ich nehme das Leben nicht länger als etwas Selbstverständliches hin. — 16,2 | 35,9 | 46,0

Ich bin jetzt entschlossener, aus meinem Leben etwas zu machen. — 8,7 | 39,1 | 50,2

Ich bin jetzt verständnisvoller und toleranter. — 9,8 | 39,6 | 48,9

Meine Beziehungen zu anderen sind mir wichtiger geworden. — 6,6 | 34,0 | 57,8

Stimmt nicht   Stimmt etwas   Stimmt weitgehend

Abb. 12.3   Posttraumatisches Wachstum (N = 4581)

Bereiche im Leben berühren und tiefe Gefühle und Umwälzungen auslösen.

In Bezug auf die dadurch entstandenen Belastungen berichtet mehr als die Hälfte der Befragten, sie hätten die Zuversicht in die Zukunft dadurch nicht verloren, den Sinn im Leben weiterhin gesehen sowie das Vertrauen in sich selbst behalten können. Allerdings gibt es eine bedeutende Anzahl von Personen, die eben nicht mehr so zuversichtlich in die Zukunft schauen kann und das Vertrauen in sich selbst und in erster Linie in andere Menschen teilweise bis ganz verloren hat.

Den Belastungserscheinungen stehen die Bereiche gegenüber, in denen ein persönliches Wachstum stattgefunden hat. Persönliches Wachstum kann sich in verschiedenen Formen äußern: Weltsicht und Lebenshaltung verändern sich positiv, Selbstbewusstsein und Selbstvertrauen werden gestärkt, es entstehen innigere Beziehungen zu anderen Menschen, das Leben erhält neue Prioritäten oder der Mensch öffnet sich der Spiritualität.

In unserer Umfrage nimmt ungefähr die Hälfte der Menschen nach dem erlebten Schicksalsschlag das Leben nicht mehr als selbstverständlich an. Die meisten Personen wollen aus ihrem Leben etwas machen, empfinden sich als verständnisvoller und toleranter und schätzen vermehrt die Beziehungen zu anderen Menschen. Positive Entwicklungen finden laut diesen Ergebnissen eindeutig häufiger statt als negative.

Wie traumatische Erlebnisse und deren Folgen mit Hoffnung und weiteren Grundüberzeugungen im Leben zusammenhängen, wird in Tab. 12.1 präsentiert.

Posttraumatisches Wachstum geht mit mehr Hoffnung, besseren menschlichen Beziehungen, einem tieferen Lebenssinn, einer stärkeren Generativität (Denken und Handeln für andere insb. für zukünftige Generationen) sowie einer erhöhten Spiritualität und Religiosität

Tab. 12.1 Korrelationskoeffizienten zwischen posttraumatischen Belastungen bzw. Wachstum mit anderen Überzeugungen ($N = 4581$)

	Posttraumatisches Wachstum	Posttraumatische Belastungen
Hoffnung	0,221*	−0,548*
Positive Beziehungen	0,312*	−0,265*
Lebenssinn	0,306*	−0,379*
Generativität	0,324*	−0,148*
Spiritualität	0,237*	0,000
Religiosität	0,168*	−0,077*

Zweiseitige Korrelation signifikant bei *$p < ,01$

einher. Auf der anderen Seite schmälert das Erleben posttraumatischer Belastungen am stärksten die Hoffnung, den Lebenssinn sowie die Beziehungen zu anderen Menschen. Oder auch umgekehrt gesagt, je größer die Hoffnung, der Lebenssinn und die positiven Beziehungen, desto geringer fallen die negativen Belastungen aus.

Aus diesen Erkenntnissen heraus kann folgendes abgeleitet werden: Die wesentlichen Ressourcen für eine positive Entwicklung nach traumatischen Situationen sind hauptsächlich die Beziehungen zu anderen Menschen sowie die Hingabe an eine sinnvolle Aufgabe, durch die man anderen Menschen helfen kann. Leid kann am besten überwunden werden, wenn man nicht mehr daran denkt, wenn man sozusagen nicht weiter grübelt, und wenn man die Aufmerksamkeit auf eine gute Tat und auf einen geliebten Menschen richtet. Dies bedeutet allerdings nicht, dass man sich selbst vollkommen vergisst und dass man nicht mehr auf sich achten darf. Nächstenliebe kann nur auf der Grundlage von Liebe zu sich selbst gedeihen.

Wahre Hoffnung muss sich in Lebenssituationen von Leid und Not bewähren können. Angesichts der Schicksalsschläge im Leben kann Hoffnung vor allem in der Verbindung zu einem geliebten Menschen standfest bleiben. Tut sie es nicht, so handelt es sich um keine zuverlässige und stützende, sondern lediglich um eine oberflächliche Schönwetter-Hoffnung.

12.2 Hoffnung trotz Angst und Sorge

Im Leben gibt es Situationen, die nicht von einem gegenwärtigen Leiden, sondern von Gedanken der Angst und Sorge in Bezug auf die Zukunft geprägt werden. Man hat Angst, den Job zu verlieren, man sorgt sich um die Kinder, man fürchtet sich vor dem Altern etc. Der Philosoph Martin Heidegger (2006) hat in der Angst und der Sorge die Grundbefindlichkeit bzw. die Grundlage des menschlichen Lebens schlechthin gesehen. Dies ist seiner Meinung nach der Fall, weil der Mensch in einer für ihn unheimlichen, angst- und besorgniserregenden Welt lebt und er sich vor den Herausforderungen des Alltags sowie vor der Verantwortung sich selbst sowie anderen Menschen gegenüber fürchtet.

Angst und Sorge haben allerdings sowohl einen negativen als auch eine positiven Charakter. Einerseits können sie den Menschen lähmen und verhindern, dass er das Leben aktiv gestaltet, indem er sich beispielsweise von der Familie und der Gesellschaft abwendet und in den negativen Gewohnheiten des Alltagstrotts gefangen bleibt. Andererseits haben Angst und Sorge ebenfalls einen positiven Effekt, wenn sie konstruktiv genutzt werden. Sie können die Person wachrütteln und sie zu neuen Taten anspornen.

Die Ergebnisse des Hoffnungsbarometers zeigen, wie ängstlich, besorgt, hoffnungslos oder lustlos sich die Menschen im Alltag fühlen (Abb. 12.4). Dafür haben wir den Fragebogen von Kroenke et al. (2009) mit den Kategorien „gar nicht", „an einigen Tagen" sowie „an mehr als der Hälfte der Tage bis täglich" benutzt.

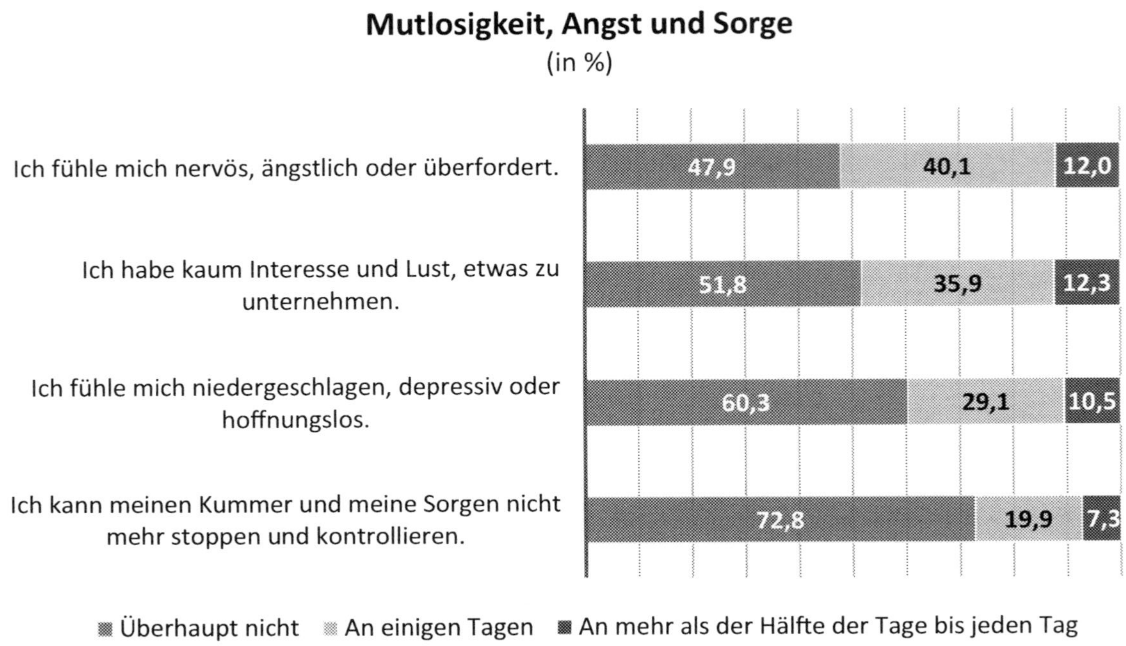

Mutlosigkeit, Angst und Sorge
(in %)

Ich fühle mich nervös, ängstlich oder überfordert. — 47,9 | 40,1 | 12,0

Ich habe kaum Interesse und Lust, etwas zu unternehmen. — 51,8 | 35,9 | 12,3

Ich fühle mich niedergeschlagen, depressiv oder hoffnungslos. — 60,3 | 29,1 | 10,5

Ich kann meinen Kummer und meine Sorgen nicht mehr stoppen und kontrollieren. — 72,8 | 19,9 | 7,3

Überhaupt nicht ▪ An einigen Tagen ▪ An mehr als der Hälfte der Tage bis jeden Tag

Abb. 12.4 Mutlosigkeit, Angst und Sorge (N = 4146)

Tab. 12.2 Korrelationswerte zwischen Mutlosigkeit, Angst und Sorge in Zusammenhang mit Hoffnung, Lebenssinn sowie den Grundannahmen über sich und die Welt (N = 4146)

	Mutlosigkeit, Angst und Sorge
Hoffnung	−0,482*
Sinn im Leben	−0,485*
Güte der Welt	−0,304*
Güte der Menschen	−0.264*
Gerechtigkeit	−0,159*
Kontrolle	−0,176*
Zufall	0,111*
Selbstwert	−0,525*
Selbstkontrolle	−0,109*
Glück	−0,368*

Zweiseitige Korrelation signifikant bei *p < ,01

Nervosität, Ängstlichkeit und Überforderung sowie Interessens- und Lustlosigkeit sind klare Anzeichen von Stress. Nahezu die Hälfte der befragten Personen fühlt sich nie ängstlich oder lustlos, was aber bedeutet, dass die andere Hälfte an manchen Tagen oder auch öfters Nervosität, Angst oder Lustlosigkeit erlebt.

Setzt man das allgemeine Empfinden von Mutlosigkeit, Angst und Sorge in Verhältnis zu Hoffnung, Lebenssinn (Steger et al. 2006) und den Grundannahmen über sich und die Welt (Janof-Bullman 1989), werden wertvolle Zusammenhänge ersichtlich (Tab. 12.2).

Die drei Bereiche, die am meisten unter den Gefühlen von Mutlosigkeit, Angst und Sorge leiden, sind der Selbstwert, der Lebenssinn und die Hoffnung. Gleichzeitig werden mit zunehmender Mutlosigkeit, Angst und Sorge auch die Welt und die Menschen in einem negativeren Lichte gesehen. Angst und Sorge färben unsere Sicht und Annahmen über die Güte der Welt. Interessanterweise behält man dabei die leicht verminderte Annahme der Kontrollierbarkeit sowie das Gefühl der Selbstkontrolle, obwohl man den Eindruck hat, dass einem das Glück im

Leben nicht mehr so zugetan ist. In diesem Zusammenhang ist der Glaube an den Zufall letztendlich ein Glaube an die Sinnlosigkeit des Lebens. Wenn alles nur Zufall ist, dann entstehen Mutlosigkeit, Angst und Sorge und jedes Hoffen ist vergebens.

Der Mensch braucht erneut Vertrauen in eine positive Entwicklung der Dinge sowie den Glauben in die Güte der menschlichen Natur und der Welt. Diese Entwicklung geschieht allerdings nicht von alleine und kann im Extremfall vom Einzelnen gar nicht mehr geleistet werden. Glaubt man nämlich nicht mehr, dass sich etwas zum Guten ändern kann, wird der Wille zur Veränderung gehemmt, empfindet man sich machtlos, stellt sein Engagement ein und weist die Verantwortung für das eigene Leben von sich zurück. Menschen resignieren, wenn sie keine Stellung im und zum Leben mehr beziehen können. Man fühlt sich machtlos und unfähig, irgendetwas zu verändern. Jeder Versuch, sich vom Negativen zu befreien, wird von vornherein als aussichtslos bewertet. Verzweiflung und dann Apathie und Gleichmut machen sich breit.

Wie kann der Mensch in solchen Situationen wieder etwas finden, an dem er sich festhalten, dem er nacheifern kann? Was gibt dem Menschen wieder Hoffnung? Wo kommt diese Kraft denn her? Manchmal kann der Mensch diese Kraft aus sich selbst heraus, aus der eigenen Biografie, aus dem Selbstbewusstsein schöpfen. Meistens ist es aber die Beziehung zu anderen Menschen, die besonders in schwierigen Situationen Beistand und Unterstützung bietet. In existenziell bedrohlichen Situationen ist Hoffnung ein Hoffen auf die Fähigkeiten, Güte und Fürsorge anderer Menschen, denen man vertrauen kann oder sogar muss (Dahlferth 2016). In solchen Fällen kommt dem Partner bzw. der Partnerin, der Familie, den Freunden, den nächsten Angehörigen, aber auch dem weiteren sozialen Umfeld, insb. den Ärzten, Therapeuten und Pflegern als Träger von Hoffnung eine besondere Rolle zu.

Die Hingabe zu einem geliebten Menschen entflammt erneut die Lebenskraft (Marcel 1992). Der Wert des Lebens wird einem wieder bewusst. Eine innere Kraft und Stärke regt sich, mit der man der Angst die Stirne bieten kann. Neue Hoffnung leuchtet auf, und man findet wieder zum Leben und somit zur Welt und zu sich selbst zurück.

Manche finden die Kraft in der Verbundenheit mit Gott, fühlen sich von Gott und der Gemeinde getragen. Das Vertrauen auf eine universelle gütige Macht nährt den Glauben an die Möglichkeit, wieder frei zu werden und gleichzeitig einen Sinn im Leben zu finden.

12.3 Hoffnung in Angesicht des Todes

Auch die Vorstellung vom Tod sowie die persönliche Haltung dem Tode gegenüber werden von der jeweiligen Weltanschauung bestimmt. Wird der Tod mit Angst und Schrecken verbunden oder findet durch ein tieferes Verständnis eine Versöhnung mit dem Tod statt? Für die einen endet mit dem Tod die gesamte Existenz. Das Leben ist vorbei, das Individuum verschwindet, über das irdische Dasein hinaus ist nichts zu erwarten. Es ist daher einerlei, wie das Leben verbracht wird.

Andere hoffen auf ein Leben nach dem Tod. Für sie geht das Leben im Jenseits weiter. Die Existenz des einzelnen ist ewig und unvergänglich. Der Tod verliert damit seine Endgültigkeit und seinen Schrecken und verwandelt sich in eine Episode, nach der ein neuer Abschnitt beginnt. Manche rechnen mit der Auferstehung des Leibes auf einer neu geschaffenen Welt. Wiederum andere glauben an unzählige Wiedergeburten bis man eines Tages alle Leidenschaften und alle Wünsche abgelegt hat und mit dem universellen Geist eins geworden ist. Für manche kommt der Mensch nach dem Tod ins Fegefeuer und empfängt die Strafe, die er sich durch seine bösen Taten auf Erden verdient hat, um anschließend wieder frei zu sein.

Was den Glauben eines Lebens nach dem Tod anbelangt, ist die Bevölkerung gespalten. Die Hälfte der Teilnehmenden an unserer Studie glaubt an eine unsterbliche Seele bzw. daran, dass, wenn wir sterben, ein Teil von uns in der einen oder anderen Form weiterlebt (Abb. 12.5) (aus der Skala von Scioli et al. 2011). Die andere Hälfte glaubt dies kaum bis gar nicht. Was nun richtig und was falsch ist, lässt sich wissenschaftlich nicht ergründen. Der Glaube an die Unsterblichkeit und an ein Leben nach dem Tod, dies kann jedenfalls festgestellt werden, korreliert signifikant mit Hoffnung ($r = 0{,}269$) und bestärkt das Mitgefühl mit anderen Menschen ($r = 0{,}266$), weswegen es sich rein aus praktischen Gründen lohnen würde, daran festzuhalten.

In den meisten Vorstellungen von Unsterblichkeit wird die Grenze des Todes durch die Hoffnung auf Leben, sei es in sinnlicher, geistiger oder materieller Form, überwunden. Den meisten dieser Ideen ist gemeinsam, dass es nicht egal ist, wie dieses Leben geführt wird. Dies stärkt den Glauben und die Hoffnung auf eine kontinuierliche moralische Entwicklung der Menschheit.

Unzählige Studien in der Pflegeforschung belegen die Bedeutung von Hoffnung in Gegenwart des Todes (Buckley und Herth 2004). Ein Leben in Hoffnung angesichts des Todes, z. B. bei terminalen Krebspatienten in der Palliativphase, stellt eine lebensnotwendige Ressource dar und erhöht deren Lebensqualität. Hoffnung und eine positive Lebenseinstellung zählen zu den zehn wichtigsten psychoexistenziellen Bereichen eines guten Sterbens (Miyashita et al. 2008). Die pflegenden Angehörigen von todkranken Patienten erleben Hoffnung als eine innere Kraft, die ihnen hilft, über die leidvolle Situation hinauszublicken und eine positive Haltung dem Leben gegenüber einzunehmen (Herth 1993).

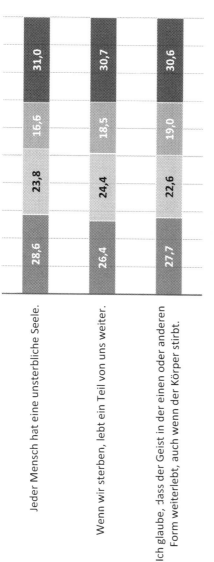

Glaube an die Unsterblichkeit
(in %)

Jeder Mensch hat eine unsterbliche Seele. — 28,6 | 23,8 | 16,6 | 31,0

Wenn wir sterben, lebt ein Teil von uns weiter. — 26,4 | 24,4 | 18,5 | 30,7

Ich glaube, dass der Geist in der einen oder anderen Form weiterlebt, auch wenn der Körper stirbt. — 27,7 | 22,6 | 19,0 | 30,6

▨ Trifft nicht zu   ▨ Trifft ein wenig zu   ▨ Trifft ziemlich zu   ▨ Trifft genau zu

Abb. 12.5 Glaube an die Unsterblichkeit (N = 4286)

Je mehr sich der Mensch dem eigenen Tod nähert, desto weniger hofft er für sich selbst und desto mehr kann er für andere hoffen (Herth 1990). Auch wenn das irdische Leben begrenzt ist, kann die Hoffnung unbegrenzt sein. Indem man der Nachwelt ein Vermächtnis hinterlässt, fühlt man sich als Teil eines größeren Ganzen. Vor allem können sterbende Menschen auf das Wohlergehen ihrer geliebten Angehörigen und vielleicht sogar auf ein Wiedersehen im Jenseits hoffen. Wenn Menschen mit ihrem bevorstehenden Tod konfrontiert werden, richtet sich ihre Hoffnung auf das, was sie im Leben anderer Menschen hinterlassen. Der Mensch scheint die Sehnsucht in sich zu tragen, dass sein Leben für andere Menschen von Bedeutung ist und dass dies auch nach seinem Tod von Bedeutung bleibt. Wir wünschen uns, dass etwas von uns auf dieser Erde erhalten bleibt, sei es eine gute Erinnerung, sei es ein schönes Werk, sei es ein positives Beispiel. Somit verliert der Tod seinen Schrecken und es entsteht ein Hoffnungssinn, der das eigene Individuum in seiner irdischen Existenz transzendiert (Eliott und Olver 2009).

12.4 Hoffnung, Freiheit und menschliche Würde

Das Erleben von Grenzsituationen kann festgefahrene Weltanschauungen mit ihren selbstverständlichen Weltbildern, Lebensformen und Wertvorstellungen aufbrechen und zur Selbstreflexion und Befreiung führen. Die bis dahin unbewussten Denkschemata werden auf einmal erkannt und infrage gestellt. In einem lebendigen, von Hoffnung getragenen Prozess löst sich der Mensch von althergebrachten Gewohnheiten und nimmt neue Ideen und Überzeugungen an, was ihn dadurch freier und selbstbewusster macht.

Der Mensch ist grundsätzlich frei, weil er sich immer eine bessere Zukunft vorstellen und mit der Kraft der Hoffnung „in Träumen von kommendem Glück, im Spiel der Phantasie mit den Möglichkeiten" (Dilthey, VII, S. 202) auf diese zugehen kann. Hoffnung ist somit Freiheit, und Freiheit bedeutet Hoffnung. Der Kategorie der Wirklichkeit setzt Dilthey die Kategorie der Möglichkeit gegenüber. Solange man sich der Möglichkeiten im Leben bewusst ist, ist man frei und kann hoffen. Weil sich der Mensch der Zukunft gegenüber frei verhalten kann, ist Hoffnung immer möglich.

Sobald die Wirklichkeit alle Möglichkeiten zu erdrücken droht, verschwindet die Freiheit und damit auch die Hoffnung. Die innere Kraft des Lebens drängt aber danach, über die gegenwärtige Wirklichkeit hinauszuwachsen und weiterhin zu hoffen. In der Kraft der Hoffnung liegen der Entschluss und die Bestimmtheit, das aktuell Gegebene nicht ein für alle Mal hinzunehmen, sondern aus dem Leben etwas Neues, etwas Besseres zu machen. Darin ist die Leistung des Menschen zu sehen.

Im Geiste ist der Mensch immer ein freies Wesen in einer begrenzten materiellen Welt. Jaspers hält die Freiheit als den Gegensatz zum Gedanken der Notwendigkeit und des Determinismus und integriert diese beiden Extreme zu einem lebendigen Prozess des Selbstwerdens und der Entwicklung. Von Notwendigkeit spricht man, wenn man der Meinung ist, alles im Leben sei eben so wie es nun einmal ist. Die Dinge im Leben müssten halt so sein. Man könne nichts mehr daran ändern. Man betrachtet das Leben und die Welt als etwas Gegebenes und Abgeschlossenes. Mit diesen Gedanken entzieht sich der Mensch seiner Gestaltungsmöglichkeit und seiner Verantwortung sich selbst und der Welt gegenüber. Jede Veränderung erscheint sinn- und hoffnungslos. Der Mensch lebt als Beobachter seines eigenen Lebens, verfällt in Gleichgültigkeit und Apathie.

Indem jeder Mensch seine persönlichen Erlebnisse hat, die er auf seine ganz individuelle Art und Weise erfährt und deutet und die ihm niemand streitig machen kann, ist er frei. Frei ist der Mensch insofern, als dass er seine Realität selber begrenzen oder erweitern kann. Als freies Individuum kann sich der Mensch von der Begrenztheit der Prädestination und des Determinismus befreien und sich für neue Möglichkeiten im Leben entscheiden. Er ist frei, scheinbare Gegensätze in sich zu vereinen, und er ist frei, auch in anscheinend ausweglosen Situationen gegen jegliche angebliche Vernunft weiterhin zu hoffen. Das Gefühl der Freiheit ist ein positives, erweiterndes, enthusiastisches, während das Gefühl der Begrenzung ein fesselndes und einengendes ist. Niemand darf jemandem anderen diese Freiheit wegnehmen, denn dies würde bedeuten, ihn der Möglichkeiten zu berauben, die das Leben für ihn bereithält.

Anders als bei Nietzsche, für den der Wille zur Macht negativ und bedrückend war, ist bei Dilthey und Bloch der Wille zur Macht ein Wille zur inneren Freiheit und Schöpfungskraft. Diese Freiheit ist die Grundlage für das menschliche Wachstum und den Fortschritt schlechthin. Freiheit bedeutet hier nicht frei sein von den aktuellen Bedingungen. Freiheit bedeutet in diesem Zusammenhang, dass die Zukunft offen ist für neue Zustände und Lösungen. Die Rätselhaftigkeit und Unergründlichkeit der Welt, die den Menschen oftmals so viel Unsicherheit vermittelt, ist die Ausgangslage für den offenen, kreativen und schöpferischen Charakter des Lebens. Gerade weil das Leben nie endgültig und abgeschlossen ist, gerade weil es unberechenbar bleibt, ist es offen für neue Möglichkeiten, gerade deswegen wird der Mensch immer frei sein, wird er immer weiterhin hoffen und seinen Blick auf eine unbegrenzte Zukunft richten können. Dies ist ein

Lebensethos, eine positive Grundhaltung zum Leben. Der Mensch ist insofern frei, als dass er immer die Möglichkeit hat, dem Erlebten eine neue Bedeutung zu geben und somit sein Leben in eine neue Bahn zu lenken. Der Fokus wird auf die Unerschöpflichkeit der menschlichen Potenziale gelegt. Sollte man dem Menschen seine Hoffnungen nehmen wollen, würde man ihn seiner Freiheit und damit seiner Zukunft und seiner Würde berauben.

Der freie Mensch kann sich allerdings am besten in der Beziehung zu anderen Menschen und in der Verpflichtung zu einer Aufgabe entfalten. Der Mensch schöpft dadurch Kraft und Selbstbewusstsein, die ihn über sich selbst hinaus wachsen lassen. Freiheit heißt somit nicht, sich von der Welt zu isolieren, sondern entscheiden zu können, welche Beziehungen man in welcher Form eingeht und welche Aufgaben man wahrnimmt, für die man Verantwortung übernimmt. Somit ist das Leben ein ewiges Spiel von Freiheit und Begrenzung, von Möglichkeiten und Notwendigkeiten und die Hoffnung der Prozess, dank dessen man von der Begrenzung und Notwendigkeit hinüber in die Freiheit der Möglichkeiten wechselt und sich selbst und die Welt weiterentwickelt.

13

Hoffnung auf Fortschritt und Wachstum

Zusammenfassung

Hoffnungslosigkeit ist mit den Vorstellungen geschlossener Weltbilder aufs engste verbunden. Die Einseitigkeit der Betrachtungen und die Intoleranz gegenüber anderer Sichtweisen erzeugen Unverständnis, negative Gefühle und Gedanken und somit Pessimismus und Mutlosigkeit. Hoffnung erblüht in der Harmonie und der Überwindung von angeblichen Gegensätzen und Widersprüchen. Ziel ist die Erweiterung des Bewusstseins und die Integration verschiedener Weltbilder zu einem größeren Ganzen. Die schöpferische Kraft der Hoffnung offenbart sich im Enthusiasmus und in der harmonischen Leidenschaft für eine sinnvolle Aufgabe. Hoffnung auf ein erfülltes Leben wird durch offene Weltbilder der Güte, der Toleranz, des gesunden Selbstbewusstseins, der Selbsttranszendenz, der Hilfsbereitschaft, des Glaubens und des Vertrauens getragen. Die Hoffnung auf ein erfülltes Leben bezieht sich auf persönliches Wohlbefinden, inneren Frieden, Selbstverantwortung, eine glückliche Familie, vertrauensvolle menschliche Beziehungen, eine sinnerfüllende Aufgabe sowie die Verbundenheit mit der Natur und mit dem größeren Ganzen.

© Springer-Verlag GmbH Deutschland, ein Teil von Springer Nature 2019
A. M. Krafft, *Werte der Hoffnung*,
https://doi.org/10.1007/978-3-662-59194-9_13

177

13.1 Die Hoffnungslosigkeit geschlossener Weltbilder

Weltanschauungen, so Dilthey, haben immer einen doppelten Charakter: Einerseits wird der Blick über die Einzelsituationen hinweg auf das größere Ganze gerichtet. Der Erfahrungsraum wird dadurch erweitert. Andererseits wird aber auch vereinfacht und reduziert, weil viele Details und Aspekte der Realität damit ausgeblendet werden, was wiederum zur Einengung, Kurzsichtigkeit und Einseitigkeit der Betrachtung führt. Jedes Weltbild bietet einen Halt und ist zugleich eine Denkgrenze. Es vermittelt einerseits Sicherheit, andererseits reduziert es die Welt auf das, was man gewohnt ist oder selber sehen möchte.

Weltanschauungen stellen daher ein großes Dilemma für uns Menschen dar. Durch ihre Grundsätze und Werte geben sie dem Menschen eine Ordnung und Festigkeit im Leben, ohne die er sich orientierungslos fühlen würde. Wenn die Welt in klar umrissenen Positionen, in Gut und Böse, wahr und falsch sowie in recht und unrecht kategorisiert wird, gibt das einen Halt und eine Stütze. Jeder Mensch aber, der seine eigene Weltanschauung als die allein richtige oder für die wesentliche und absolute Wahrheit hält, tut nichts anderes, als einen Teil der Realität für das Ganze zu nehmen und andere Weltanschauungen auszublenden.

In Anlehnung an Dilthey bezeichnet Jaspers (1919) die festgefahrenen Weltbilder „Gehäuse", in denen man erstarrt und keine neuen Erfahrungen mehr machen kann. Die eigene Weltanschauung ist nicht nur etwas, was wir haben, sondern etwas, was wir sind. Sobald die Weltanschauung unhinterfragt als selbstverständlich und absolut gehalten wird und die Identität oder Persönlichkeit des Menschen bestimmt, entwickelt sie sich zu einer

Art Gefängnis, aus dem man nicht so leicht heraustreten kann. Unbewusst wird ein Teil der Welt, den der einzelne Mensch als Weltbild vertritt, für das Ganze und allein Wahre gehalten. Alles was darüber hinausgeht, wird als nicht existierend ausgeblendet. Der Mensch legt sich selber Ketten an und definiert die engen Grenzen seiner eigenen Gestaltungsmöglichkeit und Entwicklung. Persönliche Weltanschauungen und Weltbilder können, je nachdem ob sie grundsätzlich offen oder geschlossen sind, die Entwicklung des Individuums unterstützen oder hindern, sie können Wachstum oder Stillstand erzeugen und somit auch gesellschaftlichen Fortschritt, Stagnation oder sogar Rückschritt zur Folge haben.

Besonders unerschütterlich präsentieren sich tief verankerte historisch-gesellschaftliche Weltbilder. Eingebürgerte Gewohnheiten, Verhaltensregeln, Lebensstile, Wertvorstellungen, Prioritäten, Ziele, Alltagsriten und Traditionen erscheinen in einer bestimmten Epoche als absolut und endgültig. Wie in einem Land gewirtschaftet und politisiert wird, Kinder erzogen werden, Schulen organisiert sind, Menschen miteinander umgehen, zur Natur gestanden wird etc., ist das Produkt einer gewissen historischen und gesellschaftlichen Entwicklung. Die typische Einstellung, das typische Weltbild, die typische Werteordnung, der typische Lebenslauf und Werdegang werden als selbstverständlich akzeptiert, besitzen eine starke Wirkungskraft und üben einen enormen Druck auf die Menschen aus.

Das Allgemeingültige ist aber meistens das Durchschnittliche, Gewöhnliche, Konventionelle. Wie Heidegger sagen würde, man tut das, was alle tun, weil man nichts anderes kennt oder nichts anderes wagt. Je stärker diese Formen des Denkens, Fühlens und Handelns als allein gültig erachtet werden, desto vehementer wird man sich für die Erhaltung des Bestehenden einsetzen. Das

Festhalten an Altbewährtem und Verharren auf Gewohnheiten, nur weil es immer so gewesen ist, wirkt lähmend
und hemmt jede gesellschaftliche Erneuerung und Entwicklung.

Wenn gesellschaftliche Weltanschauungen und Weltbilder für etwas Absolutes und Unantastbares gehalten
werden, drohen die Entstehung von Ideologien und
schließlich der Kampf zwischen in Widerstreit stehen-
den Auffassungen und Überzeugungen (Jaspers 1919).
Aus dem menschlichen Bedürfnis heraus, eine klare und
widerspruchsfreie Weltordnung haben zu wollen, wird die
eigene Weltanschauung verabsolutiert und dogmatisiert.
Dogmen zeichnen sich dadurch aus, dass sie den Blick auf
die Welt durch gewisse Scheuklappen verengen und ver-
kürzen, indem sie die Aufmerksamkeit und Bewertung
immer wieder in eine vordefinierte Richtung lenken.

Weltanschauung verkommt somit zu Absolutheit und
Totalität. Die eigenen Ansichten und Überzeugungen
werden zum Maßstab aller Dinge gemacht, mit dem man
jede Art von Handlungen und Aktivitäten legitimiert und
andere ablehnt. Laut Frankl (1979) entstehen dadurch
Konformismus und Totalitarismus. Konformismus und
Selbstgenügsamkeit bestehen, wenn Menschen etwas tun,
nur weil es alle anderen auch tun und es immer schon so
getan wurde. Autoritarismus beginnt immer dann, wenn
Menschen allein das tun, was man ihnen sagt, bzw. was
man tun soll, ohne darüber nachzudenken, warum.

Meistens verstehen sich Menschen nicht und reden
aneinander vorbei, weil sie die Realität von einem anderen Standpunkt, von einer anderen Perspektive sehen.
In der Tat gibt es auf dieser Welt Einstellungen, die im
praktischen Miteinander als Gegensätze auftreten. Weil
jeder die Welt nur aus seinem Standpunkt betrachtet,
werden die unterschiedlichen Bilder der Welt und des
Lebens oft als unvereinbare Gegensätze und Widersprüche

wahrgenommen. Aus diesem Grund erscheint ein frem-
des Weltbild für den externen Betrachter meistens als
unerklärlich und unverständlich. „Wie kann diese Person nur so denken?!" oder „Wie kann diese Person nur so
etwas tun?!" sind die daraus resultierenden Reaktionen.

Genau solch verabsolutierte und geschlossene Weltbilder sind das Gegenteil einer auf Selbsttranszendenz und
Offenheit, auf Toleranz, Respekt, Wertschätzung, Fürsorge
und Hilfsbereitschaft gründenden Hoffnung. Was daraus
erfolgen kann, zeigt in Abb. 13.1 der negative Kreis, der
durch geschlossene Weltbilder und Hoffnungslosigkeit in
Angst und Sorge mündet.

Wenn Menschen ihre eigene Sichtweise der Welt als
absolut und allein richtig verstehen, führt dies früher
oder später zu einem Kampf der Weltanschauungen und

Abb. 13.1   Negativer Kreis von Angst und Sorge

Weltbilder. Ein mangelndes gegenseitiges Verständnis findet immer dann statt, wenn die fremden Weltbilder vom Standpunkt der eigenen Werte, Interessen und Ziele beurteilt werden. Das, was nicht mit der eigenen Weltanschauung übereinstimmt, wird somit automatisch disqualifiziert, als irrational, dumm oder böse bezeichnet.

Auf der einen Seite stehen die geschlossenen Weltbilder, geprägt von Einseitigkeit, von Begrenzung und Einschränkung, von Einsamkeit und Intoleranz sowie von Bedrohung und Konfrontation. Auf der anderen Seite befindet sich die Hoffnungslosigkeit, welche aus Unverständnis und Vorurteilen, aus einem negativen Weltbild, aus Pessimismus und Mutlosigkeit und schließlich aus Leid und Not besteht. Geschlossene Weltbilder und Hoffnungslosigkeit bedingen sich gegenseitig und sind schließlich von einem Leben in Angst und Sorge gekennzeichnet. Viele Kriege, insbesondere Religionskriege, haben ihren Ursprung in festgefahrenen und anscheinend unvereinbaren Weltanschauungen und tragen zu immer mehr Hoffnungslosigkeit, zu Angst und Sorge bei.

13.2 Harmonie und die Überwindung von Gegensätzen

Da Weltanschauungen immer nur einseitig, partiell, unvollkommen sind und nie das Ganze zu erfassen vermögen, schränken sie das Leben der Menschen ein. Man kann sich nun fragen, worauf es im Leben schlussendlich wirklich ankommt: auf die Sache, die Leistung, das Ergebnis oder auf den Menschen und das Miteinander? Sind die materiellen Werke das letzte Ziel oder die Gesellschaft oder das Individuum? Soll der Universalismus oder der Individualismus triumphieren? Auf diese Fragen gibt es keine eindeutige Antwort, nicht weil es schwierig ist, sich für das eine oder andere zu entscheiden, sondern einfach weil es die falschen Fragen sind. Kehren wir zum Ursprung von Diltheys' Philosophie des Lebens zurück. Die Welt ist weder reine Subjektivität noch reine Objektivität, weder nur Gedankenwelt noch nur praktische Tat, weder allein Materie noch allein Geist. Sie ist nicht entweder Realität oder Glaube. Die Welt ist das Ganze und die Einheit von alldem. Im Leben kommt es nicht nur auf Arbeit oder Freizeit an, auf Aktion oder Kontemplation, sondern es geht vielmehr um das richtige Verhältnis von Ruhe und Tatendrang, von Denken und Fühlen, von Wissen und Glauben. Jede Einseitigkeit führt früher oder später zu einem Ungleichgewicht und in weiterer Folge zu Unglück und dem Unvermögen, ein gutes Leben zu führen.

Mit der Verabsolutierung von Weltanschauungen und Weltbildern wird das Leben einseitig, fokussiert, eingeengt, fragmentiert. Die Hoffnung muss sich aber, um wachsen zu können, dem permanenten Entweder-oder entziehen. Diese Einschränkungen des Lebens gilt es zu überwinden. Der innere Kampf zwischen Verzweiflung und Zuversicht löst sich in der Verbindung der angeblichen Gegensätze auf. Das Absolute setzt alles auf eine einzige Karte, auf ein einziges Ziel und enthält damit schon den Samen der Enttäuschung und Verzweiflung. Dort wo Einseitigkeit, Begrenztheit und Gegensätze bestehen, leidet die Hoffnung. Sie gedeiht in der harmonischen Verbindung, in der Ausweitung des Bewusstseins, in der Bereicherung des Lebens, in der Öffnung für neue Möglichkeiten.

Unter Harmonie versteht man in der Psychologie eine ganzheitliche Weltsicht, die ein Gleichgewicht zwischen persönlichen, sozialen und weiteren Umweltfaktoren wie Naturerleben und Spiritualität erfasst. Werfen wir erneut einen Blick auf die Ergebnisse des Hoffnungsbarometers und setzen die Annahmen über sich selbst und die Welt sowie die Hoffnung in Beziehung zur Harmonie im Leben (Kjell et al. 2016) (Tab. 13.1).

Harmonie im Leben korreliert am höchsten mit Hoffnung, mit den Annahmen über die Güte der Welt und der Menschen sowie mit Selbstwert und Glück im Leben. Hoffnung wird von Harmonie getragen: von Harmonie in den Beziehungen, von Harmonie zwischen Mensch und Natur und vor allem von Harmonie und Frieden im Inneren des einzelnen Individuums. Allerdings ist diese Harmonie nichts fix Gegebenes, sondern ein fortwährender Prozess. Der erlebte Alltag der Menschen ist alles andere als harmonisch, sondern voller Kampf, Widerspruch, Spannung und Konflikt. Umso mehr erhofft sich der Mensch den Frieden und kann etwas unternehmen, um diesen zu erlangen.

Tab. 13.1 Korrelationskoeffizienten zwischen den Annahmen über sich selbst und die Welt, Hoffnung und Harmonie im Leben ($N = 4146$)

	Harmonie im Leben
Hoffnung	0,627*
Annahmen über die Welt	
Güte der Welt	0,425*
Güte der Menschen	0,342*
Sinnhaftigkeit der Welt	
Gerechtigkeit	0,298*
Kontrollierbarkeit	0,293*
Zufall	−0,105*
Selbstbild	
Selbstwert	0,554*
Selbstkontrolle	0,228*
Glück	0,547*

Zweiseitige Korrelation signifikant bei *$p < ,01$

13.3 Hoffnung, erweitertes Bewusstsein und Fortschritt

Für Dilthey besteht die wesentliche Aufgabe des Menschen und als Folge davon der Fortschritt der Gesellschaft bzw. der Menschheit als Ganzes in der Entwicklung eines immer höheren individuellen und kollektiven Bewusstseins über das Leben selbst (das eigene und das aller Kreaturen). Der Mensch muss sich des Lebens „besinnen". Er muss sich darüber klar werden, wie er die Welt und die Alltagssituationen betrachtet, welche Gefühle diese in ihm auslösen, wie und warum er das eine bevorzugt und das andere ablehnt und welche Grundsätze er beherzigt und ihm als Orientierung dienen.

Die Aufgabe und Herausforderung der Menschheit ist „die Erhebung des Lebens zum Bewusstsein" (Dilthey 1911, S. 86). Für Dilthey besteht das Lebensideal darin, das Bewusstsein – das Selbstbewusstsein und das Bewusstsein über die Welt – kontinuierlich zu erweitern. Diese Aufgabe ist keine leichte, denn sie erfordert Selbstreflexion, eine bestimmte Distanzierung von alltäglichen Selbstverständlichkeiten, ein Infragestellen von lieb gewonnenen Gewohnheiten bis hin zu einer kompletten Neubewertung und Neufassung des gesamten eigenen Lebens. Durch diese Besinnung über die Welt und das Leben entsteht eine vollkommenere Lebenserfahrung.

Die Vielfalt der Weltbilder ist ein Ausdruck der Mannigfaltigkeit und Mehrteiligkeit des Lebens selbst. Schließlich bringen Weltbilder die verschiedenen Seiten der Wirklichkeit zum Ausdruck, die ein einziger Mensch unmöglich überschauen kann. Diese Erkenntnis kann und soll unseren Blick auf die Vielfalt in der Welt und auf die mannigfachen Möglichkeiten in der Zukunft lenken.

Fortschritt bedeutet für Dilthey sowohl die persönliche als auch die historische Entwicklung weg vom Dogmatismus, durch den einzelne Weltbilder als absolut und allein richtig verstanden werden, hin zu einer von Offenheit gekennzeichneten geschichtlichen Selbstbesinnung. Fortschritt bedeutet in dieser Hinsicht eine Erweiterung der Lebensweisen, Zukunftsentwürfe und Gestaltungsmöglichkeiten. Dies wird vor allem dann möglich, wenn wir uns der andersartigen Lebensformen der verschiedenen Völker und Kulturen auf dieser Erde bewusst werden, diese wertschätzen und daraus die vielfältigen Möglichkeiten des Lebens anerkennen und mit dem Zukunftsideal einer schöneren, freieren, offeneren und vielfältigeren Welt im Zusammenleben der Menschen und der Völker miteinander verknüpfen.

Die Aufgabe des Menschen besteht in der Anerkennung und gleichzeitig Überwindung der Dualitäten sowie der Verurteilung anderer Lebensformen, hin zur Erweiterung seines Bewusstseinshorizonts, damit die vielfältigen Chancen und Wege, die das Leben bietet, erkannt und genutzt werden können. Der Mensch ist insofern frei und gewinnt an immer mehr innerer Freiheit, indem er die gewohnten Weltbilder und Denkmuster aufbricht und sich für die Vielfalt und den Reichtum an Betrachtungsweisen, Perspektiven und Werten im Leben aufschließt. Wir können uns in dieser Form von der einseitigen Perspektive einer geschlossenen Weltanschauung zu einer reicheren Erfassung der nahezu grenzenlosen Vielfalt des Lebens weiterentwickeln.

Dies ist, was damit gemeint ist, wenn man sagt, der Mensch müsse über sich hinauswachsen. Er muss seine lieb gewonnenen Denkmuster teilweise über Bord werfen und sich für Neues öffnen. Die Angst vor dem Fremden und Unbekannten wird überwunden und es werden neue Lebensmöglichkeiten erschlossen, um eine höhere Freiheit zu erlangen. Diese Freiheit macht den Menschen zum Meister seines Lebens, anstatt zum Gefangenen seiner bisherigen Gewohnheiten.

Die Ergebnisse des Hoffnungsbarometers bestätigen dies und lassen uns begreifen, warum Selbsttranszendenz und Offenheit von dermaßen großer Bedeutung sind (Tab. 13.2).

Nicht Selbsterhöhung, sondern Selbsttranszendenz und Offenheit für Veränderungen stehen in einem signifikanten und bedeutenden Zusammenhang mit Harmonie und Flourishing, d. h. mit einem erfüllten und aufblühenden Leben. Aber auch der Respekt vor Traditionen und die Werte der Ordnung, Höflichkeit, Demut und Disziplin dienen einem harmonischen und erfüllten Leben.

Im Alltag entsteht somit eine paradoxe Situation. Einerseits braucht der Mensch einen Halt, um das Leben erklären und bewältigen zu können. Er braucht starke Wurzeln, die den Lebensbaum tragen. Andererseits sollte er sein Bewusstsein erweitern, das Bisherige infrage stellen und das geschlossene Weltbild überwinden, womit er sich wieder einer gewissen Unsicherheit aussetzt. Dieses Dilemma kann in der Grundstimmung der Hoffnung und des Wagnisses gelöst werden. Man muss es wagen, das eigene Weltbild zu verlassen, in der Hoffnung, eine viel größere Fülle des Lebens zu erfahren.

Tab. 13.2 Korrelationskoeffizienten von Grundwerten und Harmonie im Leben und Flourishing (N = 3244)

	Harmonie im Leben	Flourishing
Selbsttranszendenz	0,207*	0,363*
Offenheit für Veränderungen	0,225*	0,314*
Bewahrung	0,122*	0,188*
Selbsterhöhung	−0,018	0,068*

Zweiseitige Korrelation signifikant bei *p < ,01

Das eigentliche Ziel des Lebens liegt in der Weiterentwicklung des Menschen, im Fortschritt des Lebens selber, zu dem jeder einzelne und alle Menschen dazugehören. Für diese Entwicklung trägt jeder persönlich eine Verantwortung, da der Fortschritt nicht von alleine geschieht. Jeder kann selber wählen, wie er sein Leben gestaltet, ob er seine Stärken und Potenziale nutzt, seinen Lebenshorizont erweitert, positiv in die Zukunft schaut und etwas dafür unternimmt, oder ob er sich zurückzieht, in den althergebrachten Gewohnheiten stecken bleibt und seine Kraft mit Belanglosigkeiten vergeudet.

Sobald man sich eine bessere Welt erhofft, braucht es auch bessere und der neuen Welt dienlichere Weltanschauungen. Neue Weltanschauungen sind somit die Voraussetzung für eine neue Einstellung dem Leben und der Welt gegenüber. Menschlicher Fortschritt hängt damit zusammen, wie Menschen in der Lage sind, überkommene Weltanschauungen zu überwinden, sich neue und umfassendere Weltanschauungen anzueignen und konkret in ihrem persönlichen Leben umzusetzen.

Je stärker das Selbstbewusstsein ist, desto größer sind auch der Wille und der Mut zur Veränderung. Der positive Wandel in der Welt beginnt vor allem mit der Selbsterkenntnis und mit dem Willen, sich selbst zu verbessern. Wer es wagt, etwas an sich selbst zu verändern, tut es in der Hoffnung auf die Erfüllung eines Ideals oder Lebenswertes. Besonders Lebenskrisen geben neue Impulse und bewirken den Sprung zu einem neuen Selbstbewusstsein, zu einer anderen Weltsicht und einer neuen Lebensgestaltung. Erfüllung wird daher weniger mit externen Dingen erlangt als mit einem inneren Prozess der Entwicklung und des Wachstums.

Die schöpferische Kraft dafür ist die Hoffnung selbst. Hoffnung heißt Offenheit für die Zukunft und ist immer mit Unsicherheit verbunden. Aber gerade diese Hoffnung

inmitten der Unsicherheit ist der Ausdruck einer echten
Freiheit und Gestaltungsmacht. Die Hoffnung kommt
aus dem Inneren des Menschen, sie gehört zur Freiheit
des Menschen und kann ihm vorerst von niemandem
auferlegt oder geraubt werden. Mit jeder neuen Lebens-
und Gestaltungsmöglichkeit wird die schöpferische Kraft
des Menschen erweitert. Dies erfordert eine Haltung der
Offenheit, der Neugier, des Respekts und der Toleranz,
eine Liebe zum Wissen und Verstehen und der Bereitschaft, von anderen lernen zu wollen, die nur in der Hoffnung und kaum in der Angst begründet sein kann.

13.4 Integration der Weltbilder im Enthusiasmus und Lebenssinn

Zur Harmonie im Leben gehören der Zusammenhang
und das Wechselspiel von Verstand, Gefühl und Glaube.
Allein mit dem Verstand, mit der Realität, dem Materiellen, mit dem Mess- und Planbaren kommt der Mensch
nicht weit. Nur auf das Gefühl zu achten, schwingt den
Menschen in gehaltlose Träumereien und Fantasien. Und
wenn der Glaube das einzige ist, erstarrt der Mensch
und entfremdet sich von der Welt. Verstand, Gefühl und
Glaube sind untrennbar aufeinander angewiesen.

Nachdem drei konkrete Weltbilder im Einzelnen
erörtert und deren Zusammenhang mit dem Phänomen
der Hoffnung mit empirischen Erkenntnissen verdeut-
licht wurde, möchten wir auf die Notwendigkeit ihrer
Integration hinführen. Das rational-materialistische,
das sozio-emotionale und das spirituell-religiöse Weltbild müssen keine unvereinbaren Gegensätze darstellen,
die sich widersprechen oder gegenseitig ausschließen.
Alle drei gehören zum Leben und dienen der positiven Entwicklung des Menschen. Man könnte sagen, das

rational-materialistische Weltbild sei der *Kopf* der Hoffnung, das sozio-emotionale Weltbild das *Herz* oder die *Seele* der Hoffnung und das spirituell-religiöse Weltbild der *Geist* der Hoffnung. Gefühl, Verstand und Glaube können sich zu einem kraftvollen Enthusiasmus und zu einem sinnerfüllten Leben vereinen.

Wird der deutsche Duden konsultiert, so heißt Enthusiasmus so viel wie leidenschaftliche Begeisterung. Etwas, was man mit Begeisterung und leidenschaftlich gerne tut, ist etwas, was man mit dem ganzen Herzen und nicht nur mit dem Verstand tut. In seiner ursprünglichen Bedeutung kommt Enthusiasmus aus dem griechischen „en" und „theós", also „in Gott". Diese Idee kommt auch im Wort Begeisterung vor, d. h. vom Geist erfüllt. Enthusiasmus ist ein Gefühl der freudigen Erregung, des Tatendrangs und der Hochstimmung. Der enthusiastische Geist, wie Jaspers (1919) ihn beschreibt, möchte nicht nur ein Ziel erreichen oder eine Routineleistung erbringen. Er möchte Neues schaffen, Grenzen überwinden, unbekannte Horizonte entdecken, auch wenn es auf den ersten Blick irrational erscheint. Das Werk ist nicht nur ein äußerliches. Es berührt den Menschen in seinem Inneren, emotional und transzendent.

Wenn Gefühle, Gedanken und Glaube in Harmonie zueinander stehen, können die Aufgaben im Leben mit einer positiven Leidenschaft erfüllt werden. Bob Vallerand (2015) unterscheidet zwischen einer harmonischen und einer obsessiven Leidenschaft, die der Mensch entwickeln kann. Die obsessive Leidenschaft ist einseitig, schränkt den Menschen ein, macht ihn von seinen Zielen abhängig und gefährdet dadurch seine Gesundheit und Integrität. Ganz anders verhält es sich bei einer harmonischen Leidenschaft, die durch eine ganzheitliche Betrachtung gekennzeichnet ist, bei der die vielfältigen Facetten des Lebens nicht ausgeschlossen werden, sondern wo versucht wird, unterschiedliche Aktivitäten, Interessen und Aufgabenbereiche harmonisch zu integrieren.

Im Jahr 2017 wurden die Teilnehmenden am Hoffnungsbarometer gefragt, ob sie einer Aktivität nachgehen, die sie mit Leidenschaft ausüben und inwiefern diese Aktivität eine harmonische Bereicherung im Leben darstellt (Vallerand et al. 2003). Annähernd die Hälfte der Befragten geht einer Aktivität mit Leidenschaft nach und kann diese harmonisch in ihr Leben integrieren (Abb. 13.2). Anders als die obsessive Leidenschaft, die mit Hoffnung leicht negativ korreliert ($r=-0{,}066$) steht die harmonische Leidenschaft in einem positiven Verhältnis zur Hoffnung ($r=0{,}278$).

In manchen Stunden wird das ganze Leben von Leidenschaft und Enthusiasmus durchdrungen. Eine leidenschaftliche Aktivität versteht man nicht lediglich als einen Job. Man empfindet die Aufgabe als Berufung, als Teil eines größeren Ganzen und eines übergeordneten Wertes. Es geht dabei nicht so sehr um Erfolg, Karriere oder einen persönlichen Gewinn. Man geht wie im Flow (Csikszentmihalyi 1990) voll in der Aufgabe auf, wird von ihr erfüllt und fühlt sich im Kern seines Selbst berührt. Im Vordergrund steht eine Idee, ein Ideal und nicht der reine Nutzen.

Damit stellt sich auch die Frage nach dem Sinn im Leben. Wie wichtig dieser ist, zeigt die Hoffnung auf eine sinnerfüllte Aufgabe im Gegensatz zu einem sicheren Job und dem klassischen Karrierestreben (Abb. 6.5). Mit dem Fragebogen von Mike Steger (Steger et al. 2006) wollten wir mehr über den Sinn im Leben der Menschen erfahren (Abb. 13.3).

Auch wenn dieser nicht immer klar verstanden wird, geben etwa zwei Drittel der Befragten an, einen Sinn im Leben zu erfahren. Wie wichtig das Erleben eines Lebenssinns ist, zeigen die Korrelationswerte mit Hoffnung, Optimismus,

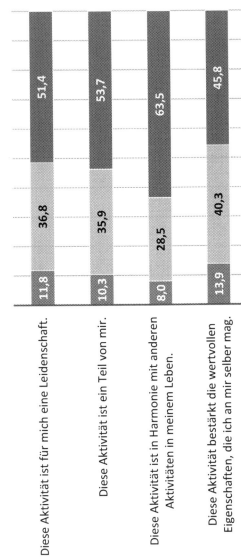

Harmonische Leidenschaft
(in %)

Diese Aktivität ist für mich eine Leidenschaft.   11,8   36,8   51,4

Diese Aktivität ist ein Teil von mir.   10,3   35,9   53,7

Diese Aktivität ist in Harmonie mit anderen Aktivitäten in meinem Leben.   8,0   28,5   63,5

Diese Aktivität bestärkt die wertvollen Eigenschaften, die ich an mir selber mag.   13,9   40,3   45,8

▓ Kaum   ▓ Mittel   ▓ Stark

Abb. 13.2 Harmonische Leidenschaft (N = 4286)

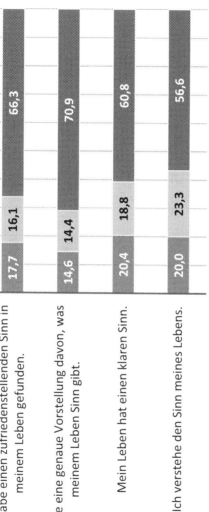

Sinn im Leben (in %)

Aussage	Stimmt kaum	Teils/teils	Stimmt ziemlich
Ich habe einen zufriedenstellenden Sinn in meinem Leben gefunden.	17,7	16,1	66,3
Ich habe eine genaue Vorstellung davon, was meinem Leben Sinn gibt.	14,6	14,4	70,9
Mein Leben hat einen klaren Sinn.	20,4	18,8	60,8
Ich verstehe den Sinn meines Lebens.	20,0	23,3	56,6

Stimmt kaum   Teils/teils   Stimmt ziemlich

Abb. 13.3 Sinn im Leben (N = 4146)

Tab. 13.3 Korrelationskoeffizienten zwischen Sinn im Leben und anderen Variablen (N = 4146)

	Sinn im Leben
Hoffnung	0,513*
Optimismus	0,525*
Positive Gefühle	0,542*
Harmonie im Leben	0,635*
Zufriedenheit im Leben	0,616*
Depression und Angst	−0,485*

Zweiseitige Korrelation signifikant bei *p < ,01

positiven Gefühlen, Harmonie im Leben, Lebenszufriedenheit sowie Depression und Angst in Tab. 13.3.

Eine der größten psychischen Belastungen ist das Leiden an einem sinnlosen Leben (Frankl 1979). Sinn ist laut Frankl von Natur aus transzendent, weil es nur außerhalb von sich selbst gefunden werden kann. Sinn erlebt man, wenn man sich für eine Aufgabe und ein Ziel engagiert, welche im Dienste anderer Menschen oder der Welt als Ganzes stehen. Aber jedes Erlebnis und jede Situation im Leben enthalten ebenfalls einen eigenen Sinn, für den der Mensch sich öffnen kann. Frankl war der Überzeugung, dass der eigentliche Lebenssinn aus einer geistigen Dimension stammt, für jeden Menschen etwas ganz Eigenes und Individuelles bedeutet und sich dem unmittelbaren menschlichen Verstand entzieht. Durch die gewöhnlichen Denk- und Verhaltensmuster wird man allerdings blind für die Sinnhaftigkeit des Augenblicks.

Insbesondere das Erleben von Grenzsituationen kann einen tieferen Sinn in sich tragen. Diesen zu erkennen, setzt aber eine positive Haltung gegenüber allen Lebenslagen voraus, egal ob sie uns gefallen oder nicht. Eine von Sinn genährte Hoffnung ist mit der Überzeugung verbunden, dass wir sowohl in den guten als auch in den schmerzvollen Momenten immer das Beste aus unserem Leben machen können. Somit wird die Ungewissheit, auf die sich die Hoffnung bisher richtete, mit einem Mal Gewissheit, weil es im Grunde genommen egal ist, wie eine Situation aussieht, denn in jedem Falle ist ein tieferer Sinn und dadurch auch eine wertvolle Gelegenheit für persönliches Wachstum darin enthalten.

In der sinnerfüllenden Lebensaufgabe sowie im hoffnungsvollen Enthusiasmus à la Ernst Bloch (1959) werden eine Sehnsucht, ein Drang und ein Streben nach vorne verspürt, weg vom augenblicklichen Zustand, hin zu einer besseren, aber noch unbekannten Zukunft. In der Hoffnung, im Sinn und im Enthusiasmus ist letztendlich die Kraft der Liebe lebendig, der Liebe zu einem Menschen, der Liebe zu einer Aufgabe oder der Liebe zur Welt als Ganzes.

13.5 Hoffnung auf ein erfülltes Leben

Aus all den ausgeführten Gedanken und Erkenntnissen lässt sich ein gesamtes Bild über die Zusammenhänge eines hoffnungsvollen und erfüllten Lebens ableiten (Abb. 13.4).

Die positiven Weltbilder, Einstellungen und Werte stehen mit den Dimensionen und Elementen, d. h. mit den Quellen und Zielen der Hoffnung in einem unzertrennlichen Kreislauf in Verbindung und bekräftigen sich gegenseitig. Wenn wir an die Güte der Welt und der Menschen glauben, tolerant, verständnisvoll und wertschätzend anderen gegenüber sind, einen gesunden Selbstwert haben sowie unser Selbstbewusstsein stärken, offen für Veränderungen sind, mit Enthusiasmus und Tatendrang die Lebensaufgaben erfüllen, aber nicht im egoistischen Sinne, sondern für andere da sind und uns selbst überwinden und dies alles mit einem kräftigenden religiösen oder spirituellen Glauben tun, dann wird sich unsere Hoffnung erweitern und vermehren.

Abb. 13.4 Hoffnung auf ein erfülltes Leben

Die wesentlichen Aspekte des Lebens kommen in den Quellen und Zielen der Hoffnung zum Ausdruck. Das, was wir uns von Herzen erhoffen, ist zugleich das, was uns Hoffnung gibt (siehe Tugendkreis der Hoffnung, Krafft und Walker 2018). Zuallererst stehen die Gesundheit, das persönliche Wohlbefinden, die Harmonie und der innere Friede. Menschen möchten über ihr eigenes Leben bestimmen können. Sie möchten eine glückliche Ehe, Familie oder Partnerschaft führen, vertrauensvolle Beziehungen pflegen, sinnvolle und erfüllende Aufgaben im Leben wahrnehmen sowie sich eins mit Gott, der Natur und der Welt als Ganzes fühlen. Der Zusammenhang von Weltbildern und Werten mit den Quellen und Zielen der Hoffnung bietet die Grundlage für ein erfülltes Leben, welches sich ganz konkret im Alltag in guten Gefühlen, guten Gedanken, guten Taten und guten Beziehungen ausdrückt.

Für ein erfülltes Leben steht bei Dilthey das sog. „kontemplative Verhalten" im Fokus, was heute als Reflexion oder Selbstreflexion bezeichnet werden könnte, durch welches nicht nur das Bewusstsein, sondern auch das eigene Gefühlsleben erweitert und der Reichtum und der Wert des Lebens intensiver erfahren werden können. Dilthey spricht von einer Art universeller Sympathie, einer Form der Empathie des Menschen mit der Welt, durch die man sich eins fühlt mit der Welt, das innere Selbst sich ausbreitet und das ganze Leben aufgerichtet und gestärkt wird. Diltheys' Ideal bezieht sich auf die Realisierung der höchsten Werte und Ideale des Schönen, des Guten und des Wahren auf dieser Erde.

Das Lebensempfinden der Sympathie erzeugt Mitgefühl mit anderen, da man sich mit allem eins fühlt. Dadurch steigert sich die Freude am Leben, und es wächst auch das Bewusstsein über die eigenen Fähigkeiten. Diese positive Stimmung löst im Bewusstsein die Widersprüche und Missklänge des Lebens auf und lässt ein Gefühl des Friedens und der Harmonie sich breit machen. Der Mensch muss von den voreingenommenen Beurteilungen sowie vom einseitigen Materialismus Abstand nehmen, um schließlich die Einheit der Dinge hinter ihrer Vielfalt zu erspüren. Das, was durch Bewertungen, Beurteilungen und Verurteilungen als Widerspruch und Konflikt erlebt wurde, löst sich langsam auf, und an dessen Stelle erscheint eine universelle Harmonie im Zusammenhang aller Menschen und Dinge untereinander.

Damit wird das Negative nicht ausgeblendet, sondern es wird überwunden, indem der Blick und die Tat auf das Positive gerichtet werden. Im Kern wird das Betrachten der Welt in trennenden Kategorien durch ein Empfinden eines universellen Lebens- und Weltzusammenhangs ersetzt, bei dem die Teile und Gegensätze in ein übergeordnetes Ganzes integriert werden. Dies zeichnet sich dadurch aus, dass ein Ineinandergreifen von materieller und geistiger Welt und ein Bewusstsein von Zugehörigkeit und Verwandtschaft mit allen Dingen erfahren werden. Diese Entwicklung ist durch den Übergang von einer hoffnungslosen zu einer hoffnungs- und verantwortungsvollen Stimmung dem Leben und der Welt gegenüber gekennzeichnet. Dabei geht es um die Auffassung und das Verständnis des Lebens als Ganzes in all seinen materiellen, emotionalen und geistigen Facetten und der harmonischen Integration der unterschiedlichen Dimensionen zu einer allumfassenden Einheit und eines universellen Friedens.

Anhang

Demografische Verteilung der Samples

	2017		2018	
	Anzahl	%	Anzahl	%
Geschlecht				
Männlich	1938	46,7	1323	40,8
Weiblich	2208	53,3	1921	59,2
Alter				
18–29	937	22,6	834	25,7
30–39	682	16,4	640	19,7
40–49	686	16,5	503	15,5
50–59	911	22,0	665	20,5
60–69	646	15,6	435	13.4
70–79	243	5,9	145	4,5
80+	30	0,7	19	0,6

(Fortsetzung)

© Springer-Verlag GmbH Deutschland, ein Teil von Springer
Nature 2019
A. M. Krafft, *Werte der Hoffnung*,
https://doi.org/10.1007/978-3-662-59194-9

(Fortsetzung)

	2017		2018	
	Anzahl	%	Anzahl	%
Höchste Ausbildung				
Keine abgeschlossene Schulbildung	41	1,0	16	0,5
Pflichtschule/Volksschule abgeschlossen	213	5,1	132	4,1
Fach-(Real-)schule ohne Abitur/ Matura	251	6,1	130	4,0
Gymnasium mit Abitur/Matura/ Abitur	224	5,4	150	4,6
Berufsausbildung	1626	39,2	1235	38,1
Höhere Berufsausbildung mit Diplom	1006	24,3	915	28,2
Universität/(Fach-)Hochschule	785	18,9	666	20,5
Familienstand				
Noch bei den Eltern lebend	367	8,9	289	8,9
Alleinstehend, single, ledig	630	15,2	551	17,0
In einer Partnerschaft, aber getrennt lebend	287	6,9	270	8,3
In einer Partnerschaft zusammenlebend	709	17,1	620	19,1
Verheiratet	1717	41,4	1176	36,3
Geschieden/getrennt	351	8,5	277	8,5
Verwitwet	85	2,1	61	1,9
Kinder				
Keine Kinder	2057	49,6	1778	54,8
Ein Kind oder mehrere Kinder	2089	50,4	1466	45,2
Hauptaktivität				
In Ausbildung	317	7,6	258	8,0
Familienarbeit/Hausarbeit/ Kindererziehung	155	3,7	131	4,0
Teilzeit-Erwerbstätigkeit	741	17,9	646	19,9
Vollzeit-Erwerbstätigkeit	2072	50,0	1657	51,1
Erwerbslos/Arbeitslos	166	4,0	114	3,5
Rente (Alter oder IV)	695	16,8	438	13,5

(Fortsetzung)

(Fortsetzung)

	2017		2018	
	Anzahl	%	Anzahl	%
Beruflicher Status				
Keine Position in einer beruf-lichen Organisation	662	16,0	435	13,4
In Ausbildung	267	6,4	214	6,6
Mitarbeiter/in	1637	39,5	1308	40,3
Führungskraft/mittleres Management	930	22,4	766	23,6
Oberes Management/Direktion	193	4,7	157	4,8
Eigentümer/Unternehmer	457	11,0	364	11,2

Literatur

Aerts, D., Apostel, L., De Moor, B., Hellemans, S., Maex, E., Van Belle, H., & Van der Veken, J. (1994). *World views: From fragmentation to integration*. Brussels: VUB Press.

Antonovsky, A. (1997). *Salutogenese: Zur Entmystifizierung der Gesundheit*. Tübingen: dgvt-Verlag.

Averill, J. R., Catlin, G., & Chon, K. K. (1990). *Rules of hope: Recent research in psychology*. New York: Springer.

Baumeister, R. F., Bratslavsky, E., Finkenauer, C., & Vohs, K. D. (2001). Bad is stronger than good. *Review of General Psychology, 5*(4), 323–370.

Blickhan, D. (2018). *Positive Psychologie: Ein Handbuch für die Praxis*. Paderborn: Junfermann Verlag.

Bloch, E. (1959). *Das Prinzip Hoffnung. In fünf Teilen*. Frankfurt a. M.: Suhrkamp.

Bode, S. (2006). *Die deutsche Krankheit–German Angst*. München: Piper.

Bollnow, O. F. (1936). *Dilthey – Eine Einführung in seine Philosophie*. Leipzig: Teubner.

© Springer-Verlag GmbH Deutschland, ein Teil von Springer Nature 2019
A. M. Krafft, *Werte der Hoffnung*,
https://doi.org/10.1007/978-3-662-59194-9

Bruininks, P., & Howington, D. E. (2018). Hopeful + Hoping = Hope: Unique experiential features in the measurement of emotion. *The Journal of Positive Psychology, 14,*1–13.

Bruininks, P., & Malle, B. F. (2005). Distinguishing hope from optimism and related affective states. *Motivation and Emotion, 29*(4), 324–352.

Buckley, J., & Herth, K. (2004). Fostering hope in terminally ill patients. *Nursing Standard, 19*(10), 33–41.

Cieciuch, J., Schwartz, S. H., & Davidov, E. (2015). Values. Social psychology of. In James D. Wright (Hrsg.), *International Encyclopedia of the Social & Behavioral Sciences* (S. 41–46). Amsterdam: Elsevier.

Cohn, M. A., & Fredrickson, B. L. (2006). Beyond the moment, beyond the self: Shared ground between selective investment theory and the broaden-and-build theory of positive emotions. *Psychological Inquiry, 17*(1), 39–44.

Csikszentmihalyi, M. (1990). *Flow: The psychology of optimal performance*. New York: Cambridge University Press.

Dalferth, I. U. (2016). *Hoffnung*. Berlin: De Gruyter.

Dana, R. H. (1998). *Understanding cultural identity in intervention and assessment*. Thousand Oaks: Sage.

Diener, E. D., Emmons, R. A., Larsen, R. J., & Griffin, S. (1985). The satisfaction with life scale. *Journal of Personality Assessment, 49*(1), 71–75.

Diener, E., Wirtz, D., Tov, W., Kim-Prieto, C., Choi, D. W., Oishi, S., & Biswas-Diener, R. (2010). New well-being measures: Short scales to assess flourishing and positive and negative feelings. *Social Indicators Research, 97*(2), 143–156.

Dilthey, W. (1960). *Weltanschauungslehre: Abhandlungen zur Philosophie der Philosophie* (Bd. VIII, 2. Aufl.). Stuttgart: Teubner und Göttingen: Vandenhoeck & Ruprecht.

Dufault, K., & Martocchio, B. C. (1985). Symposium on compassionate care and the dying experience. Hope: Its spheres and dimensions. *The Nursing Clinics of North America, 20*(2), 379–391.

Eliott, J. A., & Olver, I. N. (2009). Hope, life, and death: A qualitative analysis of dying cancer patients' talk about hope. *Death Studies, 33*(7), 609–638.

Ellens, J. H. (2008). *Understanding religious experiences: What the Bible says about spirituality*. Westport & London: Praeger & Greenwood.

Erikson, E. (1963). *Childhood and society* (2. Aufl.). New York: Norton.

Farran, C. J., Herth, K. A., & Popovich, J. M. (1995). *Hope and hopelessness: Critical clinical constructs*. New York: Sage.

Feudtner, C. (2005). Hope and the prospects of healing at the end of life. *Journal of Alternative and Complementary Medicine, 11*(1), 23–30.

Frankl, V. E. (1979). *Der Mensch vor der Frage nach dem Sinn – Eine Auswahl aus dem Gesamtwerk*. München: Piper.

Frankl, V. E. (2002). *Trotzdem Ja zum Leben sagen: Ein Psychologe erlebt das Konzentrationslager* (22. Aufl.). München: dtv.

Fredrickson, B. L. (2004). The broaden-and-build theory of positive emotions. *Philosophical Transactions, 359*(1449), 1367–1378.

Fredrickson, B. (2010). *Positivity*. London: Oneworld Publications.

Groopman, J. (2005). *The anatomy of hope: How people prevail in the face of illness*. New York: Random House.

Hegel, G. W. F. (2013). *Vorlesungen über die Philosophie der Weltgeschichte. Bd. I: Die Vernunft in der Geschichte*. Hamburg: Meiner.

Heidegger, M. (2006). *Sein und Zeit* (19. Aufl.). Tübingen: Niemeyer.

Herth, K. (1990). Fostering hope in terminally-ill people. *Journal of Advanced Nursing, 15*(11), 1250–1259.

Herth, K. (1993). Hope in the family caregiver of terminally ill people. *Journal of Advanced Nursing, 18*(4), 538–548.

Hill, P. C., & Pargament, K. I. (2003). Advances in the conceptualization and measurement of religion and spirituality: Implications for physical and mental health research. *American Psychologist, 58*(1), 64–74.

Huppert, F. A., & So, T. T. (2013). Flourishing across Europe: Application of a new conceptual framework for defining well-being. *Social Indicators Research, 110*(3), 837–861.

Ibrahim, F. A., & Heuer, J. R. (2016). *Cultural and social justice counseling.* New York: Springer.

Janoff-Bulman, R. (1989). Assumptive worlds and the stress of traumatic events: Applications of the schema construct. *Social cognition, 7*(2), 113–136.

Janoff-Bulman, R. (1992). *Shattered assumptions.* New York: Simon and Schuster.

Jaspers, K. (1919). *Psychologie der Weltanschauungen.* Berlin: Springer.

Joseph, S., & Linley, P. A. (2006). Growth following adversity: Theoretical perspectives and implications for clinical practice. *Clinical Psychology Review, 26*(8), 1041–1053.

Joseph, S., Linley, P. A., Shevlin, M., Goodfellow, B., & Butler, L. D. (2006). Assessing positive and negative changes in the aftermath of adversity: A short form of the changes in outlook questionnaire. *Journal of Loss and Trauma, 11*(1), 85–99.

Kant, I. (2004). *Grundlegung zur Metaphysik der Sitten.* Göttingen: Vandenhoeck & Ruprecht.

Kant, I. (2009). *Die Religion innerhalb der Grenzen der bloßen Vernunft.* Hamburg: Meiner.

Kjell, O., Daukantaité, D., Hefferon, K., & Sikström, S. (2016). Harmony in life scale complements the satisfaction with life scale. *Social Indicators Research, 126,* 893–919.

Krafft, A. M., & Choubisa, R. (2018). Hope in the Indian psychology context: Philosophical foundations and empirical findings. In *Hope for a good life* (S. 131–163). Cham: Springer.

Krafft, A. M., & Walker, A. M. (2018). *Positive Psychologie der Hoffnung: Grundlagen aus Psychologie, Philosophie, Theologie und Ergebnisse aktueller Forschung.* Berlin: Springer.

Krafft, A. M., Martin-Krumm, C., & Fenouillet, F. (2017). Adaptation, further elaboration, and validation of a scale to measure hope as perceived by people. *Assessment.* doi: 10.1177/1073191117700724.

Kroenke, K., Spitzer, R. L., Williams, J. B., & Löwe, B. (2009). An ultra-brief screening scale for anxiety and depression: The PHQ-4. *Psychosomatics, 50*(6), 613–621.

Leung, K. K., Silvius, J. L., Pimlott, N., Dalziel, W., & Drummond, N. (2009). Why health expectations and hopes are different: The development of a conceptual model. *Health Expectations, 12*(4), 347–360.

Lyubomirsky, S., & Lepper, H. S. (1999). A measure of subjective happiness: Preliminary reliability and construct validation. *Social Indicators Research, 46*(2), 137–155.

Marcel, G. (1949). *Homo Viator, Philosophie der Hoffnung.* Düsseldorf: Bastion.

Marcel, G. (1953). *Sein und Haben.* Paderborn: Schöningh.

Marcel, G. (1992). *Werkauswahl, Bd. I: Hoffnung in einer zerbrochenen Welt? Vorlesungen und Aufsätze.* Paderborn: Schöningh.

Miyashita, M., Morita, T., Sato, K., Hirai, K., Shima, Y., & Uchitomi, Y. (2008). Good death inventory: A measure for evaluating good death from the bereaved family member's perspective. *Journal of Pain and Symptom Management, 35*(5), 486–498.

Moltmann, J. (1968). *Theologie der Hoffnung.* München: Kaiser.

Neil, D. W. (1980). Unrealistic optimism about future life events. *Journal of Personality and Social Psychology 39*(5), 806–820.

Nickell, G. S. (1998). *The helping attitude scale: A new measure of prosocial tendencies.* Paper presented at the American Psychological Association, San Francisco.

Nierop-van Baalen, C., Grypdonck, M., Hecke, A., & Verhaeghe, S. (2016). Hope dies last … A qualitative study into the meaning of hope for people with cancer in the palliative phase. *European Journal of Cancer Care, 25*(4), 570–579.

Nietzsche, F. (1980). Jenseits von Gut und Böse. In G. Colli & M. Montinari (Hrsg.), *Friedrich Nietzsche – Sämtliche Werke, Kritische Studienausgabe in 15 Bänden.* München: dtv und De Gruyter.

Panikkar, R. (1999). *The intrareligious dialogue.* Mahwah: Paulist.

Parsian, N., & Dunning, T. A. (2009). Developing and validating a questionnaire to measure spirituality: A psychometric process. *Global Journal of Health Science, 1*(1), 2–11.

Peterson, C., & Seligman, M. E. (2004). *Character strengths and virtues: A handbook and classification*. Oxford: Oxford University Press.

Plante, T. G., & Boccaccini, M. T. (1997). The Santa Clara strength of religious faith questionnaire. *Pastoral Psychology, 45*(5), 375–387.

Ryan, R. M., & Deci, E. L. (2000). Self-determination theory and the facilitation of intrinsic motivation, social development, and well-being. *American Psychologist, 55*(1), 68–78.

Ryff, C. D., & Singer, B. (2000). Interpersonal flourishing: A positive health agenda for the new millennium. *Personality and Social Psychology Review, 4*(1), 30–44.

Scheier, M. E., & Carver, C. S. (1987). Dispositional optimism and physical well-being: The influence of generalized outcome expectancies on health. *Journal of Personality, 55*(2), 169–210.

Scheier, M. F., Carver, C. S., & Bridges, M. W. (1994). Distinguishing optimism from neuroticism (and trait anxiety, self-mastery, and self-esteem): A reevaluation of the Life Orientation Test. *Journal of personality and social psychology, 67*(6), 1063–1078.

Scheier, M. F., Carver, C. S., & Bridges, M. W. (2001). Optimism, pessimism, and psychological well-being. *Optimism and Pessimism, 1,* 189–216.

Schmidt, P., Bamberg, S., Davidov, E., Herrmann, J., & Schwartz, S. H. (2007). Die Messung von Werten mit dem "Portraits Value Questionnaire". *Zeitschrift für Sozialpsychologie, 38*(4), 261–275.

Schnell, T. (2016). *Psychologie des Lebenssinns*. Heidelberg: Springer.

Schnell, T., & Becker, P. (2007). *Fragebogen zu Lebensbedeutungen und Lebenssinn: LeBe*. Göttingen: Hogrefe.

Schopenhauer, A. (2011). *Die Kunst, am Leben zu bleiben*. München: Beck.

Schwartz, S. H. (1992). Universals in the content and structure of values: Theoretical advances and empirical tests in 20 countries. *Advances in experimental social psychology 25*, 1–65.

Schwartz, S. H. (1994). Are there universal aspects in the structure and contents of human values? *Journal of Social Issues, 50*(4), 19–45.

Schwartz, S. H. (2007). Value orientations: Measurement, antecedents and consequences across nations. In Y. Esmer & T. Petterson (Hrsg.), *Measuring attitudes cross-nationally: Lessons from the European social survey* (S. 161–193). London: Sage.

Schwartz, S. H. (2012). An overview of the Schwartz theory of basic values. *Online readings in Psychology and Culture, 2*(1), 11.

Schwartz, S. H., & Cieciuch, J. (2016). Implications of definitions of value. In F. T. L. Leong, D. Bartram, F. Cheung, K. F. Geisinger, & D. Iliescu (Hrsg.), *The ITC international handbook of testing and assessment* (S. 106–126). Oxford: Oxford University Press.

Schwartz, S. H., & Sagiv, L. (1995). Identifying culture-specifics in the content and structure of values. *Journal of Cross-Cultural Psychology, 26*(1), 92–116.

Schwartz, S. H., Cieciuch, J., Vecchione, M., Davidov, E., Fischer, R., Beierlein, C., Ramos, A., Verkasalo, M., Lönnqvist, J.-E., Demirutku, K., Dirilen-Gumus, O., & Konty, M. (2012). Refining the theory of basic individual values. *Journal of Personality and Social Psychology, 103*(4), 663.

Scioli, A., & Biller, H. (2009). *Hope in the age of anxiety.* Oxford: Oxford University Press.

Scioli, A., Chamberlin, C. M., Samor, C. M., Lapointe, A. B., Campbell, T. L., Macleod, A. R., & McLenon, J. (1997). A prospective study of hope, optimism, and health. *Psychological Reports, 81*(3), 723–733.

Scioli, A., Ricci, M., Nyugen, T., & Scioli, E. R. (2011). Hope: Its nature and measurement. *Psychology of Religion and Spirituality, 3*(2), 78–97.

Seligman, M. E. (2004). *Authentic happiness: Using the new positive psychology to realize your potential for lasting fulfillment.* New York: Simon & Schuster.

Seligman, M. E., & Csíkszentmihályi, M. (2000). Positive psychology – An introduction. *American Psychologist, 55*(1), 5–14.

Siegel, B. S. (2003). *Prognose Hoffnung: Liebe, Medizin und Wunder.* Berlin: Ullstein.

Snyder, C. R. (1994). *The psychology of hope: You can get there from here*. New York: Simon & Schuster.

Snyder, C. R. (1995). Conceptualizing, measuring, and nurturing hope. *Journal of Counseling and Development, 73*(3), 355–360.

Snyder, C. R. (2002). Hope theory: Rainbows in the mind. *Psychological Inquiry, 13*(4), 249–275.

Snyder, C. R., Harris, C., Anderson, J. R., Holleran, S. A., Irving, L. M., Sigmon, S. T., & Harney, P. (1991). The will and the ways: Development and validation of an individual-differences measure of hope. *Journal of Personality and Social Psychology, 60*(4), 570–585.

Spira, A. (1983). Angst und Hoffnung in der Antike. In G. Eifler, O. Saame, & P. Schneider (Hrsg.), *Angst und Hoffnung. Grundperspektiven der Weltauslegung* (S. 203–270). Mainz: Johannes-Gutenberg-Universität Mainz.

Steger, M. F., Frazier, P., Oishi, S., & Kaler, M. (2006). The meaning in life questionnaire: Assessing the presence of and search for meaning in life. *Journal of Counseling Psychology, 53*(1), 80–93.

Storch, E. A., Roberti, J. W., Bravata, E., & Storch, J. B. (2004). Psychometric investigation of the Santa Clara strength of religious faith questionnaire – Short-form. *Pastoral Psychology, 52*(6), 479–483.

Stotland, E. (1969). *The psychology of hope*. San Francisco: Jossey-Bass.

Tedeschi, R. G., & Calhoun, L. G. (2004). Posttraumatic growth: Conceptual foundations and empirical evidence. *Psychological Inquiry, 15*(1), 1–18.

Tong, E. M., Fredrickson, B. L., Chang, W., & Lim, Z. X. (2010). Re-examining hope: The roles of agency thinking and pathways thinking. *Cognition and Emotion, 24*(7), 1207–1215.

Vallerand, R. J., Blanchard, C., Mageau, G. A., Koestner, R., Ratelle, C., Léonard, M., & Marsolais, J. (2003). Les passions de l'ame: on obsessive and harmonious passion. *Journal of personality and social psychology, 85*(4), 756.

Vallerand, R. J. (2015). *The psychology of passion: A dualistic model. Series in positive psychology.* New York: Oxford University Press.

Von Humboldt, W. (2003). *Über die Verschiedenheiten des menschlichen Sprachbaues und ihren Einfluss auf die geistige Entwicklung des Menschengeschlechts.* Wiesbaden: Fourier Verlag.

Weinstein, N. D. (1980). Unrealistic optimism about future life events. *Journal of Personality and Social Psychology, 39*(5), 806–820.

Zinnbauer, B. J., & Pargament, K. I. (2005). Religiousness and spirituality. In R. F. Paloutzian & C. L. Park (Hsrg.), *Handbook of the psychology of religion and spirituality* (S. 21–42). New York: The Guilford Press.

Andreas M. Krafft · Andreas M. Walker

Positive
Psychologie
der Hoffnung

Grundlagen aus Psychologie, Philosophie,
Theologie und Ergebnisse aktueller
Forschung

Social Indicators Research Series 72

Andreas M. Krafft
Pasqualina Perrig-Chiello
Andreas M. Walker *Editors*

Hope for a Good Life

Results of the Hope–Barometer
International Research Program

Springer

Printed in the United States
By Bookmasters